MIENTRAS LOS HOMBRES DUERMEN

Angela Bianca Echavarría

MIENTRAS LOS HOMBRES DUERMEN

Serie oraciones de guerra
Libro #3

No ignore sus sueños, aprenda a descifrarlos

Angela Bianca Echavarría

Ministerio Tiempo de Vivir

Mientras los hombres duermen

Copyright © 2020

por el Ministerio Tiempo de Vivir

Copyright number: mn7E4WokeczFXMvE

ISBN: 9781656282071

www.angelabiancaechavarria.com

angelabiancaechavarria@gmail.com

Todos los derechos reservados. Ninguna parte de este libro debe ser reproducido o copiado sin el consentimiento de la autora.

Diseño de portada, edición y maquetación:
Angela Bianca Echavarría

Impreso en los Estados Unidos de América

_____

Fecha

Este libro está dedicado a:

_____

_____

_____

Nombre(s) de la persona(s)

Regalo de:

_____

Dedicación

Dedico este libro:

- A aquellos que sueñan y no saben su importancia.
- A los que sueñan y no recuerdan.
- A los que sueñan e ignoran que Dios nos está hablando en parábolas
- A todo aquel que fue robado de sus sueños.
- A los que sufren de ataques espirituales porque no entienden la importancia de soñar.

Prologo

Dios ha venido hablando al hombre desde sus primeros inicios usando medios y métodos como forma para que este conozca su voluntad. Los sueños son revelaciones obtenidas desde el mundo espiritual que contienen mensajes importantes que servirán como medio para desarrollar nuestro propósito.

En Génesis 37:5 la Biblia relata una historia sobre los sueños de José y esto estaba relacionado con el propósito que él tenía. Este libro que usted tiene en sus manos le ayudará a prestarle más atención a lo que usted sueña, ya que muchos de sus sueños son mensajes de Dios para que conozca lo por venir y otras veces concerniente al pasado.

La hermana Angela Bianca Echavarría es una fiel ministro del Señor y que por mucho tiempo ha dirigido un ministerio de guerra espiritual donde Dios le ha permitido tener grandes experiencias en este campo y ha sido inspirada por el

Espíritu Santo para escribir este ejemplar con el único fin de ayudar a los que sueñan a darle más valor e importancia a sus sueños ya que estos traen mensajes de Dios.

Pastor Jesús Carrasco
CFC el Sinaí

Introducción

Una tercera parte de la Biblia está llena de sueños y visiones desde Génesis hasta Apocalipsis. Dios los usa para comunicarse con reyes, profetas, apóstoles y personas que no son creyentes. También nos muestra como el destino completo de la humanidad fue afectado porque algunos "soñadores" tomaron acción en respuesta a ese sueño. De igual manera el reino espiritual (lo sobrenatural) continúa comunicándose con lo natural, pero no todos prestan atención.

Empecé a escribir este libro desde el sofá de mi casa recuperándome de una cirugía en una pierna. Durante ese tiempo de tranquilidad entendí que el accidente que tuve se debió a ignorar repetidamente un ataque espiritual que me fue revelado en sueños. Aunque entendí que estaba bajo ataque y oré en algunas ocasiones para cancelar dicho ataque, no tomé las medidas necesarias y sufrí una represalia. Esta experiencia me ha hecho entender que los sueños determinar nuestro futuro y que nuestro Dios en su infinita misericordia nos diseñó para soñar.

Aunque en la biblia había leído historia tras historia de hombres que soñaban con un propósito, a raíz del accidente que tuve entendí que los sueños no deben tomarse a la ligera. A lo largo de mi vida he soñado muchas veces sin darle importancia., nunca pensé que estos avisos se aplicaran a mí personalmente hasta que sufrí las consecuencias de mi ignorancia.

Las supersticiones y mentiras que las falsas doctrinas, la Nueva Era, el ocultismo, etc. Usan para adoctrinar a sus adeptos ha causado pánico entre la iglesia y muchos cristianos duermen sin entender que este es un regalo de Dios a los hombres.

Usted puede continuar siendo una víctima al ignorar sus sueños y seguir tratándolos como si fueran "correo basura" o reconocer su importancia y hacer algo para traer la luz de Dios para descifrarlos, desarraigar toda cizaña colocada en sus sueños de manera ilegal y halarla de raíz antes de que germine. Tome conciencia de sus sueños para poder entenderlos correctamente. Reclame sus sueños, clame por su avivamiento o su libertad.

Estamos viviendo los días que prometió el profeta Joel (Joel 2:28, Hechos 2:17) estas promesas son para usted, para mí, para nuestras generaciones... No se quede fuera de lo que Dios quiere hacer en estos últimos días.

Tener la ventaja en nuestro viaje cristiano es realmente comprender el concepto de que hay un mundo invisible que existe como el mundo padre de nuestro mundo natural, mejor conocido como el mundo espiritual. La realidad es que cada hombre o mujer de Dios fructífero y notable tuvo que haber aceptado y hecho realidad el mundo de los espíritus y al mismo tiempo haber tomado la decisión de comportarse de acuerdo con la revelación de ese mundo para dominar y someter a las fuerzas invisibles del mal en nuestro mundo natural.

Le deseo que como a José, nada ni nadie pueda impedir el cumplimiento de lo que Dios le regaló en un sueño y que encuentre en este libro los principios que le ayudarán a tener una cita con Dios todas las noches. La aventura apenas comienza...

Índice

Dedicación 6
Prologo 7
Introducción 9
Índice 13
1 17
Qué son los sueños 17
   Diferencia entre sueño y visión 21
   Nuestro espíritu es la antena 24
   Señales de peligro 28
   Categorías de olvido y robo en los sueños 29
   Leyes que rigen los sueños 31
   No ignore sus sueños 37
   Tipos de sueños 39
   Otros tipos de sueños 43
2 47
El mundo espiritual se comunica en los sueños 47
   Dios habla en sueños 47

Los ángeles hablan en sueños............... 63

El enemigo puede operar en los sueños 69

Por qué de noche............... 81

Contaminación en los sueños............... 86

3 92

El sueño espiritual 92

Ejemplos de sueños espirituales.......... 94

¿Está usted durmiendo espiritualmente?...............102

4...............104

Antes y después de dormir 104

Evite ser blanco del enemigo...............104

La importancia de ver y mirar en el espíritu...............106

La oración de la noche...............110

Importancia de cancelar el ataque en los sueños 113

Pasos para cancelar un mal sueño 115

Como ganar el control de sus sueños 116

Versos bíblicos para antes de salir de la casa 120

Usando las escrituras para cancelar sueños demoníacos 122

5. 137

Tomando el control de sus sueños 137

Para recordar sus sueños 137

Invitando a Dios a sus sueños 139

Para que se manifiesten los sueños de Dios 141

Para despertar del sueño espiritual. 143

Para cancelar la opresión satánica ... 143

Para anular los sueños de destrucción 145

Orando en contra de las pesadillas .. 150

6. 153

Cancelando Sueños peligrosos 153

Espíritu de brujería en los sueños 153

Animales 158

Atacado en los sueños 168

Comer en los sueños 170

Dientes 172

15

Enterrado en los sueños 175

Escuchar voces en los sueños 177

Espíritu de pobreza 181

Nadar en los sueños 188

Plaga en los sueños 195

Quemarse en los exámenes 198

Viviendo en su antigua casa 203

Volar en los sueños 208

Soñarse en la cárcel 213

Accidentes 218

Testimonio 227

Biografía 230

1

Qué son los sueños

Salmos 127:2
Por demás es que os levantéis de madrugada, y vayáis tarde a reposar, Y que comáis pan de dolores; Pues que a su amado dará Dios el sueño.

Dios nos diseñó para soñar, por eso es un proceso tan natural y espontaneo como el respirar. Nada creado por Dios tiene desperdicio, el creador tubo una intención y un propósito para todo lo creado, es por eso que conocer nuestros sueños es importante ya que pasamos la tercera parte de nuestra vida durmiendo. Para darle una idea pongamos unos ejemplos: si usted tiene 60 años durmió 20 años, si usted tiene 30 años durmió 10 años. Es mucho tiempo, ¿verdad?

Soñar es algo espiritual, porque nos dice lo que está pasando en el espíritu. Un sueño es una revelación dada al hombre de una porción de las actividades que acontecen en el mundo espiritual. El mundo espiritual se comunica a través de los sueños porque estos son transacciones que se hacen en esa dimensión espiritual; es decir, son fotografías del mundo espiritual porque traen revelación de lo que ocurrirá en el futuro o cosas que pasaron en el pasado puesto que en esa dimensión no está limitada al tiempo presente.

Los sueños son un misterio. Revelan eventos futuros y los planes que tiene el mundo espiritual, por eso es importante tener el don de discernimiento para poder interpretar, cancelar, nulificar, renunciar a ese sueño mientras está siendo implantado, antes de que germine y se manifieste en lo físico. Aquellos capaces de interpretarlos, tienen una gran ventaja pues son capaces de planearse sabiamente y evitar serios ataques espirituales.

Los sueños son la materia prima que lo ayudarán a diseñar su futuro. por lo tanto usted necesita recordarlos e interpretarlos antes de usarlos Una persona que no recuerda sus sueños es como alguien que tiene materia prima en sus manos y no puede sacarle provecho porque no sabe el uso de la misma o ignora el tesoro que tiene. Los sueños alumbran ideas y el que los soñó debe refinar estos sueños en el taller de la oración.

La realidad de sus sueños se revela desde una perspectiva espiritual, para decirte lo que está pendiente en el reino del espíritu, ya sea para usted o en su contra. Lo que decidas hacer después del sueño determinará su destino. Comprender el sueño de uno será automáticamente igual a comprender la vida de uno. Debemos hacer esfuerzos serios en lo que respecta a la comprensión de nuestros sueños. Son nuestros sueños los que revelan el origen de todos los ataques contra nosotros desde una perspectiva espiritual. Nuestros sueños son considerados nuestros monitores espirituales, revelando asuntos espirituales pendientes que desean manifestarse en nuestro mundo natural, incluidos los peligros pendientes.

Según Wikipidia: La palabra sueño (del latín «somnus», que se conserva en los cultismos *somnífero*, *somnoliento* y *sonámbulo*) designa tanto el acto de dormir como la actividad de la mente durante ese periodo de descanso.

Según el Instituto del Sueño con sede en Madrid: el sueño ha sido y sigue siendo uno de los enigmas de la investigación científica, y aun en el día de hoy, tenemos grandes dudas sobre ellos. De ser considerado un fenómeno pasivo en el que parecía no ocurrir aparentemente nada, se ha pasado a considerar a partir de la aparición de técnicas de medición de la actividad eléctrica cerebral, un estado de conciencia dinámico en que podemos llegar a tener una actividad cerebral tan activa como en la vigilia y en el que ocurren grandes modificaciones del funcionamiento del organismo; cambios en la presión arterial, la frecuencia cardiaca y respiratoria, la temperatura corporal, la secreción hormonal, entre otros.

Cantares 5:2
Yo dormía, pero mi corazón velaba. Es la voz de mi amado que llama: Abreme, hermana mía, amiga mía, paloma mía, perfecta mía, Porque mi cabeza está llena de rocío, Mis cabellos de las gotas de la noche.

Mientras nuestro cuerpo físico descansa, nuestros corazones están despiertos y atentos y entran a la dimensión del espíritu donde vive nuestro amado pues nuestro hombre interior tiene un anhelo de encontrarse con Él.

Diferencia entre sueño y visión

Números 12:6

Y él les dijo: Oíd ahora mis palabras. Cuando haya entre vosotros profeta de Jehová, le apareceré en visión, en sueños hablaré con él.

Dios mismo nos explica la diferencia entre un sueño y una visión:

Le aparece en visión, significa que revelará su naturaleza, mostrará sus atributos.

- La visión se recibe mientras se está despierto.

La visión (según el diccionario Bibliatodo) es un percepción visual o imagen que de manera sobrenatural se percibe por el sentido de la vista o por representación imaginativa. Es aquello que Dios muestra de forma sobrenatural al espíritu o a los ojos corporales.

En sueños hablaré con él, indica intimidad o una relación más profunda. Los sueños nos conectan al corazón de Dios.

- Los sueños se reciben cuando estamos dormidos.

Se reciben en el espíritu y son llevados a nuestra mente para ser traducidos o interpretados. Son encuentros con lo sobrenatural.

Las visiones y los sueños pueden interaccionar y la Biblia los intercambia en muchos de sus relatos.

Isaías 29:7
Y será como sueño de visión nocturna la multitud de todas las naciones que pelean contra Ariel, y todos los que pelean contra ella y su fortaleza, y los que la ponen en apretura.

Daniel 2:19
Entonces el secreto fue revelado a Daniel en visión de noche, por lo cual bendijo Daniel al Dios del cielo.

Daniel 7:13
Miraba yo en la visión de la noche, y he aquí con las nubes del cielo venía uno como un hijo de hombre, que vino hasta el Anciano de días, y le hicieron acercarse delante de él.

Nuestro espíritu es la antena

Proverbios 20:27
Lámpara de Jehová es el espíritu del hombre, La cual escudriña lo más profundo del corazón.

1 Corintios 2:11
Porque ¿quién de los hombres sabe las cosas del hombre, sino el espíritu del hombre que está en él? Así tampoco nadie conoció las cosas de Dios, sino el Espíritu de Dios.

El espíritu del hombre es la antena usada por el mundo espiritual para comunicarse esto así porque tenemos nuestro cuerpo natural que vive en el mundo físico que en las noches duerme, pero al ser seres espirituales (alma y espíritu) y esta parte de mostros ser eterna, está siempre en estado de alerta y entra en guerra cuando dormimos.

Job 32:8 (versión Reina Valera Gómez y Reina Valera 1909)

El espíritu de Dios me hizo, y la inspiración del Omnipotente me da vida.

Mi espíritu es la inspiración del Omnipotente y Él, que es un espíritu, me habla a mí que soy hechura suya.

Es la palabra de Dios que abre nuestros ojos espirituales y la comprensión de las cosas del mundo espiritual. Esto explica por qué cuando las personas intentan interpretar sus sueños desde una perspectiva natural, sus sueños no tienen sentido.

Dios nos revela a través de nuestros sueños los misterios de la vida que incluyen eventos futuros todavía pendientes a través de Su Espíritu, por lo tanto, si su enfoque continuo para comprender sus sueños no proviene de una posición espiritual, entonces fracasará constantemente en el aspecto espiritual ya que lo que aún no se ha revelado físicamente se muestra en su sueño espiritualmente y será pasado de alto por usted.

Nuevamente, revisemos las Escrituras para lograr una mejor comprensión de esto. Las Escrituras dicen lo siguiente:

1 Corintios 2: 9-10
Los ojos no han visto, ni los oídos han oído, ni han entrado en el corazón del hombre, las cosas que Dios ha preparado para los que lo aman. Pero Dios nos las ha revelado (cosas espirituales) por su Espíritu: porque el Espíritu busca todas las cosas, sí, las cosas profundas de Dios

Por lo tanto, una persona que carece de comprensión espiritual o visión espiritual no solo está etiquetada o categorizada como un hombre natural, sino que las cosas espirituales o las cosas del mundo espiritual no tienen sentido porque no son espirituales en su enfoque y comprensión de tales cosas. ¡Una vez más, las escrituras confirman esto en el siguiente pasaje:

1 Corintios 2 : 14.
Pero el hombre natural no recibe las cosas del Espíritu de Dios: porque son

necedad para con él: ni las puede conocer, porque son espiritualmente discernidas.

La realidad es que nuestros sueños son difíciles de entender, no tanto porque son espirituales, sino principalmente porque hay una desconexión entre nuestro espíritu y el Espíritu de Dios que intenta a través de nuestros sueños revelar cosas del mundo espiritual. ¡Por supuesto, esto se debe a que nuestros espíritus están espiritualmente desnutridos como resultado de la falta de alimento espiritual que solo viene a través de la palabra de Dios!

La escritura nos explica claramente que tales cosas solo pueden ser discernidas por aquellos que son ESPIRITUALES. 1 Corintios 2:15 lo reúne todo al concluir que la persona que es espiritual juzga TODAS las cosas, sin embargo, ningún hombre (natural) puede juzgarlo. En otras palabras, el que es espiritual hace su evaluación de todos los asuntos desde su origen, que es espiritual, por lo que su discernimiento de juicio siempre será correcto.

Nuevamente, Dios les está hablando a muchos de ustedes a través de la consistencia de sus sueños, pero debido a su compromiso con lo que se ve o lo que solo se relaciona con sus cinco sentidos, automáticamente descartan lo invisible (mundo espiritual). Las escrituras nos advierten de esto en

2 Corintios 4:18
Aunque no miramos las cosas que se ven (nuestro mundo natural), sino las que no se ven (el mundo espiritual): porque las cosas que se ven son temporales; pero las cosas que no se ven son eternas.

Señales de peligro

Los sueños son peligrosos cuando vienen de la carne o son alimentados con imaginaciones perversas porque hacen una invitación a las tinieblas a ocupar nuestro territorio. Este tipo de sueños actúan como ventanas a nuestro sub-consciente revelando sentimientos y pensamientos que yacen en el (ocultos para nosotros).

Los sueños son peligrosos cuando son interceptados por el maligno (lo estudiaremos más adelante). Si usted no sueña u olvida lo que sueña, el enemigo esta robándole y bloqueándolo. Joel 2:28 Dios promete visiones y aumento de sueños en los últimos tiempos y para toda carne (toda la humanidad) sin importar si estos son creyentes o no debido a que esto es un derecho y un regalo divino. Lo espiritual controla lo físico y antes de que cualquier cosa pase en lo físico, debe suceder primero en el espíritu; por lo tanto si usted no sueña u olvida sus sueños, significa que su hombre espiritual no está funcionando bien. Puede ser que este encarcelado o bajo arresto espiritual debido a que existen ciertos poderes malignos asignados a controlar el hombre espiritual.

Categorías de olvido y robo en los sueños

- Sueños borrados

Existe un grupo de personas que no pueden recordar sus sueños una vez que despiertan. Estas personas están siendo manipuladas por un grupo de espíritus asignados para borrar o exterminar los sueños. El enemigo borra nuestros sueños porque sabe que una vez los decodifiquemos, podremos destruir sus planes y tomar control de nuestro destino.

El rey Nabucodosor.

Estudiar –Daniel 2:1-49
Verso 1. El rey tiene unos sueños terribles perturbadores, pero no puede recordarlos.
Verso 2. Convoca a todos magos, astrólogos, encantadores y caldeos de toda Babilonia para que le expliquen sus sueños.
Verso 5. Expresa que olvidó el sueño.
Verso 6. Promete favores a quien interprete el sueño.
Verso 8. Repite que olvidó el sueño.
Verso 9. Amenaza de muerte a todos los presentes si no les declaran el sueño y nadie pudo hasta que se llamó a Daniel, el hombre de Dios.

Daniel clama al Dios altísimo por revelación. El sueño estaba lleno de simbolismo y tenía que ver con el mundo de la política. El interpretar este sueño abrió muchas puertas para Daniel y sus compañeros hebreos que estaban en el exilio. Daniel se convirtió en un hombre importante en el palacio y el favor de Dios lo seguía.

- Sueños fragmentados

Existe un grupo de personas que solo recuerda un fragmento del sueño que usualmente está al principio o al final del mismo.

- Robo del sueño

Existe otro grupo que no sueña y para ellos esto es algo normal puesto que desconocen que es su derecho y que al no recordar lo soñado están siendo robados.

Leyes que rigen los sueños

2 Corintios 4:18

No mirando nosotros las cosas que se ven, sino las que no se ven; pues las cosas que se ven son temporales, pero las que no se ven son eternas.

Un sueño no es solo un sueño. Aquellos que tienen esa mentalidad están indefensos y son una presa fácil del enemigo. Nosotros estamos llamados a ser sobrios y a velar porque el adversario, el diablo, como león rugiente, anda alrededor buscando a quien devorar (1 Pedro 5:8). Si usted ignora esta ley se convertirá en una víctima del adversario porque sus defensas estarán bajas y no pondrá resistencia. En consecuencia caerá en la trampa preparada por el maligno y será devorado por él. Usted le dio el derecho legal de acabar con usted porque no estaba alerta, usted debe estar vigilante en todo tiempo.

Los sueños son espirituales. El mundo espiritual es el mundo padre de nuestro mundo natural (2 Corintios 4:18). El mundo espiritual tiene reglas, protocolos y principios. Al igual que los agentes de policía son agentes de la ley en nuestro mundo natural; los demonios y los ángeles son agentes del mundo espiritual. Solo hay una ley que gobierna tanto el espíritu como el mundo natural, y esa es la asentada en la Santa Biblia. Lo más importante a tener en cuenta es el hecho de que Dios, Satanás, los ángeles y los demonios solo responden a las leyes espirituales. Como recordatorio, el propósito de una ley es gobernar, supervisar y determinar el comportamiento y el resultado de todas las cosas.

Existen dos formas en las que se operan estas leyes:

1. Obedecerlas: lo que hará visible las bendiciones que Dios tiene para usted (Efesios 1:3).

2. Desobedecerlas: lo que dará como resultado que se manifiesten las maldiciones (Deuteronomio 28:15-16).

Desobedecer a Dios es estar automáticamente de acuerdo con Satanás.

Entonces, desobedecer es lo mismo que estar de acuerdo con Satanás, como resultado, las maldiciones que alguna vez fueron espirituales tienen el derecho legal de seguir su curso en nuestro mundo natural o manifestarse en su estado físico.

Las Escrituras nos recuerdan que Dios también nos habla en nuestros sueños, nuevamente para asegurar nuestro acuerdo para lograr su manifestación según Job 33.14-16. Esto nos enseña que si estamos de acuerdo con las instrucciones, la bendición se manifestará. Por supuesto, si no lo hacemos automáticamente estamos de acuerdo con Satanás. En cualquier caso, habrá una manifestación. Entonces nuestros sueños se convierten en el lugar ideal para que el enemigo obtenga nuestras aprobaciones o acuerdos porque la mayoría de las personas ignoran las leyes espirituales.

Manifestación es, el estado de algo que se revela, se descubre o se hace visible. En el caso de las cosas espirituales, es la exhibición física de lo que alguna vez fue espiritual o invisible. Por lo tanto, en el mundo de los sueños, los contenidos de nuestros sueños que siempre serán espirituales, sin importar cuán sutiles o simples puedan parecer; En realidad, estamos en la búsqueda de nuestra aprobación o acuerdo de cosas físicas, que si se acuerda a sabiendas o sin saberlo, producirán un resultado o manifestación tangible. Esto es así porque las leyes espirituales dictan que Dios y Satanás deben involucrar un acuerdo humano para lograr sus propósitos en la tierra. Deuteronomio 28:1-2 obedecer simplemente significa estar de acuerdo y, como habrán leído, que al estar de acuerdo con lo que Dios dice, las bendiciones que alguna vez fueron espirituales ahora se volverán físicas.

Por lo tanto, para que la manifestación ocurra en nuestro mundo natural desde mundo espiritual, debe haber un acuerdo entre los dos mundos. Satanás (que es un espíritu) a través de símbolos está plantando semillas malvadas en el reino espiritual (nuestro sueño) con la única idea de que no nos resistiremos a lo que está haciendo, lo que automáticamente asegurará un acuerdo humano espiritual y esto producirá la manifestación física de lo que originalmente hizo en el reino espiritual.

Lo más importante a tener en cuenta es el hecho de que Dios, Satanás, los ángeles y los demonios solo responden a las leyes espirituales. Como recordatorio: el propósito de una ley es gobernar, supervisar y determinar el comportamiento y el resultado de todas las cosas.

Algunos sueños son instrucciones selladas que Dios revelará en su debido tiempo. No por eso deben ser ignorados y/o olvidados. Escribe la visión aunque tarde (Habacuc 2:3-4).

Los sueños pueden contener símbolos por lo que muchas veces no tendrán sentido cuando usted se despierte. Usted necesitará meditar en ellos y pedir revelación divina para entenderlos.

Usted debe averiguar el propósito y la intención del sueño para poder interpretarlo correctamente. ¿No son de Dios las interpretaciones? (Génesis 40:8).

No ignore sus sueños

✓ Los sueños son importantes.
✓ Los sueños son parte de nuestro destino.
✓ Los sueños son como las brújulas, marcan nuestro destino; el termómetro para chequear nuestra vida espiritual.
✓ Los sueños revelan nuestro pasado, nuestro presente y nuestro futuro.
✓ Interpretar los sueños es 100% bíblico.
✓ Son visiones que tenemos al dormir
✓ Son revelaciones que nos revelan lo que ocurre en el mundo espiritual.
✓ Son herramientas invisibles que traen mensajes porque ellos monitorean nuestra vida.
✓ Son fotografías de cosas que ocurren en el mundo espiritual.

- ✓ Son partes de las llaves del reino entregadas a nosotros, con ellos abrimos mensajes ocultos.
- ✓ Son ventanas a los sentimientos y pensamientos guardados en el inconsciente.
- ✓ Las pesadillas pueden dañarlo en lo físico.
- ✓ Lo que la gente está planeado en lo secreto, Dios puede revelarlo en sueños.
- ✓ Si usted ha tenido un mal sueño y no ora, el enemigo puede usarlo para traer desgracias en su viva.
- ✓ La falta de visión y madurez espiritual puede convertir a las personas en presas del enemigo.
- ✓ Usted puede influenciar sus sueños con oración y ayuno.
- ✓ El intérprete de sus sueños puede darle forma a su destino, o destruirlo.
- ✓ Un sueño sin interpretar es como una carta sin abrir.
- ✓ Todo sueño tiene un significado.
- ✓ Desechar sus sueños y tratarlos como algo sin importancia es desechar la

respuesta a esa oración que usted está esperando.

✓ Es peligroso olvidar o ignorar sus sueños porque puede perder un mensaje importante de parte de Dios.

✓ El enemigo puede estar usando sus sueños para implantar cizaña y si usted ignora sus sueños o no sabe lo que significa, el puede usar eso para ponerlo en una cárcel espiritual.

✓ No descarte sus sueños o los trate como basura, enfréntelos en oración.

✓ Comprenda que los símbolos, signos y acciones realmente están revelando la actividad de los espíritus.

✓ ¿Qué podrían revelarte sus sueños que rechazo simplemente porque no entendió lo que se l e revela?

Tipos de sueños

- Físico

Es el que se produce cuando estamos dormidos (este fue el que explicamos arriba).

Según Wikipidia dormir viene del latín *dormire.* Permanecer en un estado del cuerpo sin que se presenten movimientos físicos voluntarios y con un estado de consciencia reducido.

✓ El sueño físico puede ser directo o indirecto.

- Directo:

No necesita ser interpretado, dicen exactamente qué pasará y los pasos a seguir. (Como el dado al rey Abimelec en Génesis 20:3).

- Indirecto:

Es el hablado en parábolas o acertijos. Necesitará ayuda y discernimiento para interpretarlo (Como el que Daniel le interpreto al Faraón en Génesis 4:1-7).-

- Natural

Isaías 29:8

Y les sucederá como el que tiene hambre y sueña, y le parece que come, pero cuando despierta, su estómago está vacío; o como el que tiene sed y sueña, y le parece que bebe, pero cuando despierta, se halla cansado y sediento; así será la multitud de todas las naciones que pelearán contra el monte de Sion.

Los sueños naturales, tienen que ver con nuestro estado de ánimo. Nacen de las cosas a las que les prestamos atención durante el día. Nuestra carne tiene la habilidad de influenciar lo sicológico. Este tipo de sueños no tienen nada que ver ni con Dios, ni con el diablo, puesto que emanan de nuestra mente. Una persona puede irse a la cama con un antojo de comida y soñarse comiendo eso; otra persona puede irse a dormir pensando en alguien y soñar con ese alguien, etc.

- De nuestra imaginación

Eclesiastés 5:3

Porque de la mucha ocupación viene el sueño, y de la multitud de las palabras la voz del necio.

Usted soñará con aquello de lo que se llenó durante el día, si se llenó de malas noticias, con eso soñará; si se llenó de tristeza, con eso soñará; si vio películas de terror, con eso soñará... etc.

- Carnal

Si se llenó de pornografía, con eso soñará. Procure no darle lugar a la carne durante el día, ni mirar material pornográfico o canciones que exalten la carne. Estará invitando a los espíritus de lascivia a hacer nido en sus miembros.

Procure llenarse de las escrituras para que pueda tomar el control de sus sueños.

- Espiritual

Es el que ocurre en nuestro espíritu. Lo trataremos a fondo en el capitulo siguiente.

Pesadillas (las explicaremos en el próximo capítulo).

Otros tipos de sueños

- Sonambulismo

Según Wikipedia El sonambulismo (también llamado noctambulismo). Según la Academia Estadounidense de Medicina del Sueño se trata de un trastorno del sueño clasificado como una parasomnia (trastorno) en el que las personas desarrollan actividades motoras automáticas que pueden ser sencillas o complejas mientras permanecen inconscientes y sin probabilidad de comunicación. Un individuo sonámbulo puede salir de la cama, caminar, orinar o incluso salir de su casa. Los sonámbulos tienen los ojos abiertos, pero no ven como cuando están despiertos, y suelen creer que están en otras habitaciones de la casa o en sitios completamente diferentes. Los sonámbulos tienden a volver a la cama por iniciativa propia, y a la mañana siguiente no recuerdan haberse levantado por la noche.

- Hipnosis

Usada y recomendada por la medina alternativa. Estado de inconsciencia semejante al sueño que se logra por sugestión y que se caracteriza por la sumisión de la voluntad de la persona a las órdenes de quien se lo ha provocado.
El peligro es que está ligada a la creencia de la reencarnación lo cual es anti-bíblico.

El que hipnotiza puede escuchar al hipnotizado cambiar de voz (lo cual es la manifestación de espíritus demoníacos). Cuando un paciente rinde su voluntad al que hipnotiza está rindiendo su voluntad a la otra persona, lo cual permite a los demonios entrar y manipular. Es una forma moderna de espiritismo disfrazándose como una técnica medica.

- Coma

Según Wikipedia: En medicina coma significa sueño profundo y es un estado grave de pérdida de la consciencia.

El paciente está en estado vegetativo, parece estar dormido, pero puede escuchar y percibir todo lo que pasa en su entorno.

- Sueño lucido

Según Wikipedia: Un **sueño lúcido** es un sueño que se caracteriza porque el soñante es consciente de estar soñando. Se puede dar espontáneamente o ser inducido mediante prácticas y ejercicios.

- Viajes astrales

Ocurren cuando las personas están durmiendo y se entrenan a sí mismas para salir de sus cuerpos en el espíritu. Usado mucho por los practicantes de yoga, metafísica y por practicantes de técnicas ocultas.

2

El mundo espiritual se comunica en los sueños

Dios habla en sueños

Job 33.13-25
¿Por qué contiendes contra él? Porque él no da cuenta de ninguna de sus razones. ¹⁴ Sin embargo, en una o en dos maneras habla Dios; Pero el hombre no entiende. ¹⁵ Por sueño, en visión nocturna, Cuando el sueño cae sobre los hombres, Cuando se adormecen sobre el lecho, ¹⁶ Entonces revela al oído de los hombres, Y les señala su consejo,

¹⁷ Para quitar al hombre de su obra, Y apartar del varón la soberbia.
¹⁸ Detendrá su alma del sepulcro, Y su vida de que perezca a espada.
¹⁹ *El hombre* es castigado también con dolor en su lecho, y con queja continua en sus huesos,
²⁰ para que su vida aborrezca el pan, y su alma el alimento favorito.
²¹ Su carne desaparece a la vista, y sus huesos que no se veían, aparecen.
²² Entonces su alma se acerca a la fosa, y su vida a los que causan la muerte.
²³ Si hay un ángel *que sea* su mediador, uno entre mil, para declarar al hombre lo que es bueno para él,
²⁴ y que tenga piedad de él, y diga: «Líbralo de descender a la fosa, he hallado *su* rescate»
²⁵ que su carne se vuelva más tierna que en su juventud, que regrese a los días de su vigor juvenil.

Verso. 14. Dios habla en sueños en forma de parábolas o de historias ilustradas, pero el hombre NO entiende, no presta

atención. Sin embargo a Dios le place revelar sus misterios a sus hijos para que sepan como orar para el cumplimiento de esos sueños o cancelar las obras de las tinieblas.
Verso 17. Para apartarnos del mal camino y apartarnos de la rebelión.
Verso 18. Sepulcro igual a muerte, nos libra de la muerte.
Verso 19. Habla de enfermedad y muerte.
Verso 20. Persona al borde de la muerte.
Verso 23. Habla de que necesitamos mediadores o interpretadores (un ángel es un mensajero).
Verso 24. La gracia de Dios viene y los libra de morir. La restauración habla de la obra de nuestro Jesús, el restaurador de todas las cosas.
Verso 25. La persona fue restaurada.

El reino espiritual siempre esta comunicándose por los sueños, pero nosotros NO ponemos atención. Cuando Dios quiere comunicar algo del presente o el futuro, frecuentemente usa los sueños y visiones. Nosotros tenemos que decir si responder o no a su voz. Es triste que las personas no sepan diferenciar la voz del Altísimo de la voz del maligno cuando están dormidos.

✓ Si los sueños vienen de Dios contienen instrucciones (Génesis 31:10-12, Génesis 46:2-3), propósito, bendiciones, dan calma, seguridad, animo (Génesis 37-1 10), dirección (Hechos 46:2-3), corrección (Daniel 2:1-49, Daniel 4:1-4), revelación del futuro (Mateo 2:13).

Debido al simbolismo, los sueños necesitan ser interpretados. Para eso es necesario una comunión con Dios, oración, o preguntar una persona que se mueva en ese don,

La razón por la cual debemos entender nuestros sueños y no ignorarlos es porque queremos conocer los pensamientos de Dios, queremos que se nos revele. Debemos desear escuchar su voz y su dirección. Queremos saber su revelación, escuchar su corazón, entender lo que está planeando.

Entonces, ¿eres un soñador, tienes visiones? Bueno, según las Escrituras, de hecho eres un profeta, alguien que Dios escogió para revelarle sus secretos. . Por lo tanto, debe estar en un estado de expectativa en cuanto a lo que Dios le revelará a través de sus sueños sobre usted y otros.

Dios no hace nada sin revelárselo a sus siervos los profetas según:

Amos 3:7
7 Porque no hará nada Jehová el Señor, sin que revele su secreto a sus siervos los profetas.

Pero, ¿quiénes son los profetas? son aquellos a los que Dios les habla en lo secreto, quiere decir que es solo a unos pocos.

Números 12.6
6 Y él les dijo: Oíd ahora mis palabras. Cuando haya entre vosotros profeta de Jehová, le apareceré en visión, en sueños hablaré con él.

Si siempre sueña la Biblia dice que usted es un profeta, sin embargo la claridad y precisión de lo que Dios está comunicando a través de usted se basará en que alimente su espíritu humano a través de escuchar y leer la palabra de Dios.

Ejemplos bíblicos

- Abram

Génesis 15:12-21
Mas a la caída del sol sobrecogió el sueño a Abram, y he aquí que el temor de una grande oscuridad cayó sobre él.
¹³ Entonces Jehová dijo a Abram: Ten por cierto que tu descendencia morará en tierra ajena, y será esclava allí, y será oprimida cuatrocientos años.
¹⁴ Mas también a la nación a la cual servirán, juzgaré yo; y después de esto saldrán con gran riqueza.
¹⁵ Y tú vendrás a tus padres en paz, y serás sepultado en buena vejez.
¹⁶ Y en la cuarta generación volverán acá; porque aún no ha llegado a su colmo la maldad del amorreo hasta aquí.

¹⁷ Y sucedió que puesto el sol, y ya oscurecido, se veía un horno humeando, y una antorcha de fuego que pasaba por entre los animales divididos.
¹⁸ En aquel día hizo Jehová un pacto con Abram, diciendo: A tu descendencia daré esta tierra, desde el río de Egipto hasta el río grande, el río Eufrates.

Dios pactó con Abram en sueños prometiéndole un hijo del cual nacería una gran nación. También le reveló de la cautividad.

- Abimelec

Génesis 20:3-4
Pero Dios vino a Abimelec en sueños de noche, y le dijo: He aquí, muerto eres, a causa de la mujer que has tomado, la cual es casada con marido.
⁴ Mas Abimelec no se había llegado a ella, y dijo: Señor, ¿matarás también al inocente?

Dios vino a Abimelec con una advertencia. El rey no perdió tiempo y devolvió su esposa a Abraham. Además de esto los recompensó por su mal acto.

Los ojos de Dios nos monitorean y salvan a la gente del peligro.

- Abraham

Génesis 20:17
17 Entonces Abraham oró a Dios; y Dios sanó a Abimelec y a su mujer, y a sus siervas, y tuvieron hijos.

A causa del sueño que Dios le dio antes de cambiar su nombre, entendemos que Abraham era profeta y guerrero de oración.

Génesis 20:18
Porque Jehová había cerrado completamente toda matriz de la casa de Abimelec, a causa de Sara mujer de Abraham.

Lo que pasó aquí fue consecuencia de la visita de Dios en los sueños. Fíjese que la ignorancia del rey que estaba en pecado

no impidió la manifestación de la justicia de Dios.
- Jacob

Génesis 28:10-16

¹⁰ Salió, pues, Jacob de Beerseba, y fue a Harán. ¹¹ Y llegó a un cierto lugar, y durmió allí, porque ya el sol se había puesto; y tomó de las piedras de aquel paraje y puso a su cabecera, y se acostó en aquel lugar. ¹² Y soñó: y he aquí una escalera que estaba apoyada en tierra, y su extremo tocaba en el cielo; y he aquí ángeles de Dios que subían y descendían por ella. ¹³ Y he aquí, Jehová estaba en lo alto de ella, el cual dijo: **Yo soy Jehová**, el Dios de Abraham tu padre, y el Dios de Isaac; la tierra en que estás acostado te la daré a ti y a tu descendencia. ¹⁴ Será tu descendencia como el polvo de la tierra, y te extenderás al occidente, al oriente, al norte y al sur; y todas las familias de la tierra serán benditas en ti y en tu simiente.

¹⁵ He aquí, yo estoy contigo, y te guardaré por dondequiera que fueres, y volveré a traerte a esta tierra; porque no te dejaré hasta que haya hecho lo que te he dicho. ¹⁶ Y despertó Jacob de su sueño, y dijo: Ciertamente Jehová está en este lugar, y yo no lo sabía.

Dios apareció en sueños a Jacob cuando su vida era un caos. Corría de su casa de su tío tramposo y tenía miedo.

Le prometió hacerlo heredero (a él y su descendencia) de Canaán. En el sueño Dios cambio el destino de Jacob dándole una solución que cambió su vida para siempre. Este fue un mensaje de esperanza, apoyo. Dios reveló las metas y planes que tenía para su siervo y su descendencia.

Génesis 31:10
¹⁰ Y sucedió que al tiempo que las ovejas estaban en celo, alcé yo mis ojos y vi en sueños, y he aquí los machos que cubrían a las hembras eran listados, pintados y abigarrados.

Dios le da estrategias de libertad financiera a Jacob primero en el espíritu, luego en lo físico. Este sueño mostró que Dios estaba de parte de su siervo.

Es importante resaltar que el verso 11 y 12 habló el ángel de Dios, pero en el verso 13 dice que habló Dios mismo.

- Labán

Génesis 31:24
24 Y vino Dios a Labán arameo en sueños aquella noche, y le dijo: Guárdate que no hables a Jacob descomedidamente.

El tiempo de Labán oprimir a Jacob había llegado a su fin y éste estaba furioso, pero Dios se le apareció en sueños con una advertencia clara.
Este sueño preservó la vida de Jacob y gracias a él la nación conocida como Israel existe.

- José

*Primer sueño en **Génesis 37:6-7***
⁶Y él les dijo: Oíd ahora este sueño que he soñado:
⁷He aquí que atábamos manojos en medio del campo, y he aquí que mi manojo se levantaba y estaba derecho, y que vuestros manojos estaban alrededor y se inclinaban al mío.

Segundo sueño en Génesis 37:9
⁹Soñó aun otro sueño, y lo contó a sus hermanos, diciendo: He aquí que he soñado otro sueño, y he aquí que el sol y la luna y once estrellas se inclinaban a mí.

Los sueños de José estaban llenos de simbolismo. Sus sueños casi lo llevan a la tumba por culpa de los celos de sus hermanos.

El primero hablaba de la supremacía sobre sus hermanos. El segundo hablaba de sus padres y hermanos. Estos sueños causaron enojo en sus hermanos y preocupación en su padre.

Los sueños de José lo mantuvieron enfocado en las promesas de Dios sobre su vida aun en los momentos en que pensó que moriría o que no tendría una salida. Pasaría mucho tiempo para que él pudiera entender e interpretar sus sueños y el plan de Dios para llevarlo a ser una figura de gobierno que salvaría no solo a los suyos, sino a las naciones vecinas de un tiempo terrible de miseria y escasez..

- El copero y el panadero

Génesis 40:5
Y <u>ambo</u>s, el copero y el panadero del rey de Egipto, que estaban arrestados en la prisión, tuvieron un sueño, cada uno su propio sueño en una misma noche, cada uno con su propio significado.

Estos oficiales soñaron y Dios uso el don de interpretación que tenia José para luego por ese mismo don sacarlo de la cárcel. Dios usa nuestros dones para ponernos en un lugar donde nos necesiten.

- Faraón

El Faraón tuvo dos sueños en una noche que lo llenaron de inquietud. Estos sueños alertaron de la hambruna que sobrevendría a Egipto. Salvó a Jacob (el padre de José) y a su familia de morir de hambre. Cumplió el sueño que Dios le dio a José a la edad de 17 de reinar sobre sus hermanos y familia. Cumplió la profecía de que los descendientes de Abraham serían esclavos en tierra extraña.

Jueces 7:13-15
13 Cuando llegó Gedeón, he aquí que un hombre estaba contando a su compañero un sueño, diciendo: He aquí yo soñé un sueño: Veía un pan de cebada que rodaba hasta el campamento de Madián, y llegó a la tienda, y la golpeó de tal manera que cayó, y la trastornó de arriba abajo, y la tienda cayó.
14 Y su compañero respondió y dijo: Esto no es otra cosa sino la espada de Gedeón

hijo de Joás, varón de Israel. Dios ha entregado en sus manos a los madianitas con todo el campamento.

¹⁵ Cuando Gedeón oyó el relato del sueño y su interpretación, adoró; y vuelto al campamento de Israel, dijo: Levantaos, porque Jehová ha entregado el campamento de Madián en vuestras manos.

Dios le dio instrucciones a Gedeón en los verso 9-11 de levantarse, ir al campo de su enemigo y espiar la conversación de ellos.

Verso 12. Relata que el ejercito contrario era como multitud de langosta. Dios utilizó este sueño para quitar el temor de Gedeón, fortalecerlo y mostrarle la victoria.

Verso 14. Uno de los soldados marianitas tubo un sueño y le contaba a su compañero, este lo interpretó reconociendo la derrota de los madianitas y sus aliados a espada de Gedeón el cual sería dirigido por Dios mismo. El temor ahora estaba en el campamento del enemigo y Dios los entregó en manos de su siervo.

Verso 14. Nos confirma que:
- Los sueños y sus interpretaciones no están limitados a los cristianos.
- Los sueños revelan los misterios de las cosas que nos suceden a diario.
- Los sueños revelan las cosas que están siendo concebidas en el espíritu, pero que están pendientes de manifestarse en lo físico.
- Debido a que todo lo visible se origina en el reino de lo invisible, Dios pudo mostrarle a Gedeón que Israel ya tenía la victoria antes de que ocurriera la batalla.

Verso 15. Gedeón adoró a Dios, es decir creyó y se puso de acuerdo con la interpretación del sueño. Luego tomó acción dando órdenes a sus soldados.

- Salomón

1 Reyes 3
Dios habló a Salomón en sueño directo donde no hubo falta interpretación para

preguntarle que quería y su respuesta agrado a Dios quien no solo concedió su deseo, sino que agrego honor, riquezas y larga vida a su petición.

Al despertar entendió que Dios era su guía y su soporte. Y Dios cumplió con cada una de sus promesas lo que lo llevo a ser conocido como el rey más sabio de todos los tiempos.

Los ángeles hablan en sueños

- Jacob

Génesis 31:10-11
Y sucedió que al tiempo que las ovejas estaban en celo, alcé yo mis ojos y vi en sueños, y he aquí los machos que cubrían a las hembras eran listados, pintados y abigarrados.
11 Y me dijo el ángel de Dios en sueños: Jacob. Y yo dije: Heme aquí.

Este sueño fue explicado arriba

- José

Sueña sobre su esposa Mateo 1:18-25 y en:

Lucas 2:19-21

¹⁹ José su marido, como era justo, y no quería infamarla, quiso dejarla secretamente.
²⁰ Y pensando él en esto, he aquí un ángel del Señor le apareció en sueños y le dijo: José, hijo de David, no temas recibir a María tu mujer, porque lo que en ella es engendrado, del Espíritu Santo es.
²¹ Y dará a luz un hijo, y llamarás su nombre JESÚS, porque él salvará a su pueblo de sus pecados.

En lo secreto José planeaba divorciarse de María. El ángel del Señor le aparece en sueños para advertirlo de no abandonar a su esposa. Le fue revelado el origen de la concepción del niño, su sexo, su nombre y su destino. Este sueño evitó que José actuara de manera injusta.

Sueña con el ángel que lo manda a Egipto

Mateo 2:13-15

Después que partieron ellos, he aquí un ángel del Señor apareció en sueños a José y dijo: Levántate y toma al niño y a su madre, y huye a Egipto, y permanece allá hasta que yo te diga; porque acontecerá que Herodes buscará al niño para matarlo. 14 Y él, despertando, tomó de noche al niño y a su madre, y se fue a Egipto, 15 y estuvo allá hasta la muerte de Herodes; para que se cumpliese lo que dijo el Señor por medio del profeta, cuando dijo: De Egipto llamé a mi Hijo.

El ángel advirtió a José en sueños de los planes de Herodes de matar al niño, le dio instrucciones específicas de huir a Egipto y le instruyó que esperara por la próxima instrucción antes de moverse. La mayoría de la gente habría hecho caso omiso de esto lo hubiera tratado como un sueño sin darle un significado real. Sin embargo, el sueño de José, que era espiritual, reveló que su espíritu era aconsejado por otro espíritu. En este caso, un ángel que aconsejaba de eventos pendientes que no serían favorables para Joseph y su familia y que daba instrucciones especificas donde él debería abandonar su residencia actual y viajar a Egipto.

Sueña con el ángel que le manda irse a Israel.

Mateo 2:19-23

Pero después de muerto Herodes, he aquí un ángel del Señor apareció en sueños a José en Egipto, [20] diciendo: Levántate, toma al niño y a su madre, y vete a tierra de Israel, porque han muerto los que procuraban la muerte del niño. [21] Entonces él se levantó, y tomó al niño y a su madre, y vino a tierra de Israel. [22] Pero oyendo que Arquelao reinaba en Judea en lugar de Herodes su padre, tuvo temor de ir allá; pero avisado por revelación en sueños, se fue a la región de Galilea.

José protagonizó un papel importante como protector del Mesías prometido como el cabeza de su familia terrenal. El mundo espiritual estaba pendiente de cada detalle y en sueños se le revelaron y le dieron instrucciones que el fielmente siguió. Si José no hubiese tenido la capacidad de recordar sus sueños o si los hubiera ignorado, el plan de redención de Dios se hubiese visto comprometido e interceptado por las tinieblas y el Mesías hubiera muerto mientras todavía era un bebé. Esto nos muestra que nuestros sueños nos proporcionan la inteligencia espiritual de lo que se está inventando en el mundo espiritual, ya sea contra nosotros o por nosotros.

- Los Magos

Mateo 2:12
12 Pero siendo avisados por revelación en sueños que no volviesen a Herodes, regresaron a su tierra por otro camino.

Herodes pretendía engañar a los magos ocultando sus verdaderas razones de encontrar al niño-rey. Pero de manera sobrenatural Dios interfirió en sueños y los magos cambiaron su ruta de regreso para evitar el encuentro que terminaría en el asesinato de nuestro salvador..

- Pablo

Hechos 27:23-25
Porque esta noche ha estado conmigo el ángel del Dios de quien soy y a quien sirvo, ²⁴ diciendo: Pablo, no temas; es necesario que comparezcas ante César; y he aquí, Dios te ha concedido todos los que navegan contigo.
²⁵ Por tanto, oh varones, tened buen ánimo; porque yo confío en Dios que será así como se me ha dicho.

El apóstol estaba en el océano en un viaje misionero rumbo a Roma y parecía que todo estaba perdido para él. En un sueño, el ángel del Señor se le aparece para decirle que no tuviera miedo y le aseguró que nadie moriría en el barco. Luego de eso Pablo exhorto a la tripulación a no perder el ánimo.

El enemigo puede operar en los sueños

Los espíritus malignos pueden atacarnos en los sueños. El plan del enemigo de visitarnos mientras dormimos es una estrategia de guerra espiritual para robar, matar y destruir nuestros sueños a fin de prevenir que se manifiesten y se vuelvan testimonios.

Una de las mayores ventajas de un espíritu es su capacidad de ser invisible. Desafortunadamente, debido a que no vemos a los espíritus como lo hacemos con los seres humanos, en su mayor parte, no creemos que realmente existan.

✓ Los sueños que vienen del maligno o sus agentes traen confusión, destrucción perturbación y miedo; te hacen sentir inestable, en desgracia, desarmado, caído, degradado, desviado, perturbado, estabilizado, desarmado, dominado, deshonrado y desmantelado.

Isaías 29:8

⁸ Y les sucederá como el que tiene hambre y sueña, y le parece que come, pero cuando despierta, su estómago está vacío; o como el que tiene sed y sueña, y le parece que bebe, pero cuando despierta, se halla cansado y sediento; así será la multitud de todas las naciones que pelearán contra el monte de Sion.

Pero cuando despierta el estomago todavía esta vacio, aunque pareció tan real la sensación de hambre en el sueño, en la realidad no lo fue. Esto es un ejemplo de cómo operan las transacciones demoniacas para robarle su destino.

Mientras dormimos

En la noche suceden muchas tragedias porque estamos indefensos. Cuando duermes, el enemigo puede sembrar en tu espíritu porque los sueños son espirituales, es decir mientras duermes tu cuerpo descansa, pero el espíritu interactúa con el mundo espiritual el cual es el que da origen a este mundo físico..

En esta parábola Jesús pone al descubierto la preferencia de las tinieblas para operar *mientras dormimos*. Es su tiempo favorito, el más conveniente. Nosotros dormimos y el enemigo trabaja.

Vino su enemigo

Mateo 13:25

Pero mientras dormían los hombres, vino su enemigo y sembró cizaña entre el trigo, y se fue.

El enemigo se ha asegurado de secuestrar la noche porque esta le sirve de cuartada para operar en la obscuridad, es por esto que muchos espíritus inmundos pululan la noche, aquí (en Mateo) son identificados como los labradores malignos, sembradores de maldad o agricultores de la noche. Satanás tiene la habilidad de asignar a estos espíritus para que nos visiten mientras estamos dormidos (en los sueños).

Cizaña

Son plantaciones demoniacas tales como enfermedades, pobreza, fracaso, muerte prematura, depresión, adicción al sexo y la pornografía y todo tipo de problemas. Estas semillas demoniacas son introducidas en forma de pesadillas que confundirán y distraerán el mensaje y la revelación que Dios nos trae en los sueños.

Muchas enfermedades fueron implantadas en los sueños, muchas fueron pequeñas semillas que crecieron porque, por ejemplo: la persona se puso de acuerdo con el diagnostico médico trayendo esa enfermedad al plano existencial, en consecuencia estas cosas germinarán y se harán realidad en nuestra realidad.

Para que algo se manifieste en este mundo natural debe haber un acuerdo entre ambos mundos. Satanás que es un espíritu a través de los símbolos que implanta mientas soñamos (las semillas que implanta en el mundo espiritual) con el propósito de que no resistamos lo que él hace. Esto hace que inmediatamente haya un acuerdo y el mundo físico manifestará lo que se originó en el espíritu.

El enemigo se fue

El enemigo se asegurara de que usted no descubra que él estuvo sembrando cizaña hasta que él se haya ido, porque si usted lo descubre tiene la oportunidad de arruinar sus planes y sus semillas malignas no germinarán. Muchas veces comenzamos la guerra espiritual después que estas semillas están dando frutos y la destrucción ya ha comenzado.

El enemigo ha usado los sueños para confundir mucha gente en su vidas tanto sentimental, financiera y espiritual. Satanás puede transformarse en un ángel de luz para engañar a la humanidad en sus sueños ya que allí es donde encarcela a las personas con mayor facilidad.

La ignorancia es el arma más poderosa que tienen las tinieblas (Oseas 4:6). Esto combinado con la inercia y el descuido espiritual lo hacen a usted vulnerable a todo tipo de ataques espirituales.

Si usted sabe que está bajo ataque no espere; ore, interceda, reprenda, no desmaye, persevere. Para poder desmantelar lo que el enemigo está planeando usted debe resistirlo (Santiago 4:7).

Exponiendo las maquinaciones

Mateo 13:24

Les refirió otra parábola, diciendo: El reino de los cielos es semejante a un hombre que sembró buena semilla en su campo.

Jesús nos revela que el dueño del campo había sembrado buena semilla, antes de recibir la visitación demoniaca. Fíjese que el enemigo nunca tocó la semilla porque sabe que esta requiere de tiempo y cuidado para germinar. El nunca desenterró la semilla porque hubiera alertado al dueño del plan maligno que se estaba llevando a cabo. El vino con una estrategia astuta y malvada donde aprovechando las horas de descuido.

> *Mateo 13:26*
>
> Y cuando salió la hierba y dio fruto, entonces apareció también la cizaña.

- ✓ La semilla (transformada en hierba) representa lo bueno.
- ✓ La cizaña representa lo malo.
- ✓ Ambas, la semilla y la cizaña, fueron plantadas intencionalmente por alguien.
- ✓ Ambas crecieron simultáneamente bajo la tierra (lo que no se ve, sinónimo de lo invisible).

- ✓ Ambas se tomaron su tiempo para aparecer, tuvieron un tiempo de incubación y un tiempo de manifestación.
- ✓ Los dos fenómenos ocurrieron en el mismo terreno.
- ✓ La técnica usada fue: invadir para traer confusión.

El problema no era la semilla

Ya lo estudiamos en el verso 24, la semilla era buena y destinada para dar buenos frutos

Mateo 13:27

Vinieron entonces los siervos del padre de familia y le dijeron: Señor, ¿no sembraste buena semilla en tu campo? ¿De dónde, pues, tiene cizaña

- ✓ Su tiempo de atacar (mientras dormimos)
- ✓ Su manera de atacar (con sutileza y astucia) y

- ✓ El tiempo en el que se manifiestan estos ataques (cuando no se esperan).

Fíjese que la reacción de los siervos fue: *confusión*. No entendían en qué momento se mezclaron las semillas. De igual manera la humanidad se esfuerza de día esperando cosechar bendiciones, pero el enemigo impide que estos esfuerzos den frutos invadiendo nuestros terrenos con espíritus que tienen un solo propósito: ahogar nuestras semillas.

Otra estrategia usada aquí es: la *distracción*, los siervos no pudieron hacer nada porque si desyerbaban corrían el riesgo de matar ambas plantas (recuerde que la cizaña se enreda).

El próximo paso sería *esperar* hasta que ambos frutos se manifestasen y poder llevar a cabo el proceso de identificar y separar

El enemigo ha hecho esto

> *Mateo 13:28*
>
> El les dijo: Un enemigo ha hecho esto. Y los siervos le dijeron: ¿Quieres, pues, que vayamos y la arranquemos?

- ✓ Esta es la revelación de las actividades que el enemigo lleva a cabo durante la noche, Jesús desenmascara al reino de las tinieblas rebelándonos:
- ✓ El enemigo no detendrá sus esfuerzos, el esperará pacientemente que usted esté dormido espiritualmente para introducir plantaciones demoniacas que ahogaran sus frutos.
- ✓ Se asegurará de repetir el ciclo de confusión en cada estación de siembra con el objetivo de desgastarlo y hacerlo abandonar las bendiciones que Dios quiere que usted coseche.
- ✓ Usted estará tan ocupado arrancando cizaña que no tendrá tiempo de sembrar mas.
- ✓ El se mantendrá oculto esperando la manifestación de su maldad hasta que usted lo descubra (se mantenga vigilante) y apague sus dardos de

fuego antes de que estos causen destrucción.

Ejemplos bíblicos

- Job

Job 4:12-13 (Nueva Biblia de las Américas)
Una palabra me fue traída secretamente, Y mi oído percibió un susurro de ella.
¹³ Entre pensamientos inquietantes de visiones nocturnas, Cuando el sueño profundo cae sobre los hombres,
¹⁴ Me sobrevino un espanto, un temblor Que hizo estremecer todos mis huesos.
¹⁵ Entonces un espíritu pasó cerca de mi rostro, *Y* el pelo de mi piel se erizó
¹⁶ *Algo* se detuvo, pero no pude reconocer su aspecto; Una figura *estaba* delante de mis ojos, *Hubo* silencio, después oí una voz:
¹⁷ "¿Es el mortal justo *delante* de Dios? ¿Es el hombre puro *delante* de su Hacedor?
¹⁸ Dios no confía ni aún en Sus mismos siervos; Y a Sus ángeles atribuye errores.
¹⁹ ¡Cuánto más a los que habitan en casas

de barro, Cuyos cimientos están en el polvo, Que son aplastados como la polilla!

Verso 12. Secretamente, cuando dormía.
Verso 12. Le susurró al oído.
Verso 13. Cuando estaba dormido.
Verso 14. Job interactuó con el mundo espiritual, pero NO fue el Espíritu Santo, sino un espíritu (un espíritu/demonio).
Verso 15. Sintió su presencia
Verso 15. Esta entidad lo siguió, acoso, trajo espanto y le infundió miedo
Verso 16. Al ser invisible no pudo ver su forma real.
Verso 17. Entabló una conversación con el donde por medio de una pregunta trata de que haya un acuerdo.
Verso 18. A partir de este versículo nos damos cuenta que el espíritu trata de desacreditar a Dios.

- La esposa de Pilatos

Mateo 27:19
Y estando él sentado en el tribunal, su mujer le mandó decir: No tengas nada que

ver con ese justo; porque hoy he padecido mucho en sueños por causa de él.

Verso15. En el día de la fiesta gobernador tenia la una costumbre de libertar a un preso escogido por la multitud.

Verso 19. La dama trató de influenciar a su esposo debido a que fue atormenta en un sueño sobre Jesús, es decir tubo una pesadilla. La información que se le dio en el sueño era apuesta al plan de Dios para redimirnos.

Por qué de noche

Noche sinónimo de obscuridad, Es un tiempo que favorece al mundo de las tinieblas y sus hacedores de maldad para llevar a cabo su agenda de destrucción. Es el tiempo en que los trabajadores de las tinieblas están activos, renuevan contratos, mandan encantamientos, maldicen, acechan.

Si usted ha tenido una mala noche, tendrá un mal día. La noche es el tiempo en el cual el enemigo planea su agenda de destrucción en contra de la humanidad para alterar el destino de las personas.

La noche también es llamada "la hora de dormir", este el tiempo de descansar. Las tinieblas se esconden en las sobras de la noche tomando ventaja de este tiempo donde bajamos nuestras defensas para atacar a la humanidad.

- La hora en que reinan las tinieblas

Mateo 22.53
—¿Acaso soy un bandido, para que vengáis contra mí con espadas y palos?
53 Todos los días estaba con vosotros en el templo, y no os atrevisteis a ponerme las manos encima. Pero ya ha llegado vuestra hora, cuando reinan las tinieblas.

El enemigo trabaja de noche, en la obscuridad programando en los sueños de las personas su agenda satánica, Jesús llamó a este tiempo: la hora cuando reinan las tinieblas.

- La luna

Salmo 121: 6-8
121:6-8 La luna controla las mareas. La tercera parte de nuestro cuerpo está hecho de agua. Cuando la luna está llena, esta agua en nuestro cuerpo crea una actividad e influencia a las personas. Durante estas noches la criminalidad aumenta y las personas que sufren de enfermedades mentales se descontrolan. Muchas enfermedades mentales están asociadas a la luna, por ejemplo: lunático.

- Espíritus que operan de noche

Salmos 91:5-6
No temerás el terror nocturno, Ni saeta que vuele de día,
⁶ Ni pestilencia que ande en oscuridad, Ni mortandad que en medio del día destruya.

Este salmo especifica que hay un grupo de espíritus que se mueve de día y otro de nuche.

Aparte del terror nocturno y las pestilencias, podemos incluir:

Espíritu de miedo, espíritu de suicidio, melancolía, espíritus familiares, brujería, esposos(as) espirituales, espías satánicos, encantadores, vampiros espirituales, adivinos, ídolos, animales satánicos, Pavor repentino (Proverbios 3:21), espíritu lunático (Mateo 17:14-21).

- La noche, tiempo de guerra espiritual

1 Corintios 15:39-40
No toda carne es la misma carne, sino que una carne es la de los hombres, otra carne la de las bestias, otra la de los peces, y otra la de las aves.
[40] Y hay cuerpos celestiales, y cuerpos terrenales; pero una es la gloria de los celestiales, y otra la de los terrenales.

Mateo 13:25
Pero mientras dormían los hombres, vino su enemigo y sembró cizaña entre el trigo, y se fue.

Muchos problemas que enfrenta la humanidad comenzaron en los sueños. Dios puede darnos el poder para ganar esas batallas. Cuando ganamos primero en el reino espiritual, la evidencia será inmediata en lo físico.

- Batallas bíblicas durante la noche

Éxodo 12:25-36
Jehová hiere a los primogénitos

Éxodo 14
El ejercito de faraón

Josué 1:13-14
Josué manda al sol

Génesis 32:22-30
Jacob pelea con el ángel

Jueces 16:1-2
Sansón arranca las puertas de la ciudad de Gaza.

1 Reyes 3:16-21

El intercambio de un bebe vivo por uno muerto

Mateo 17:2
Jesús se transfigura

Mateo 26:36-56
La oración del huerto de Getsemani

Mateo 26:31
La captura de Jesús

Mateo 26:34
Pedro niega a Jesús

Hechos 16:16-4.
Pablo y Silas liberados de la prisión.

Contaminación en los sueños

- Las pesadillas

Son el territorio favorito para la guerra espiritual. Muchas veces al dormir, experimentamos ataques espirituales (pesadillas) y sentimos como un salto o palpitación que nos despierta. Esto se debe a que el espíritu despertó al cuerpo como un mecanismo de defensa para ponerle fin al ataque.

Las pesadillas son controladas por agentes de maldad para malograr su progreso en la vida, para destruir su potencial y sus expectativas.

Muchas personas son atormentadas y perseguidas en sus sueños desde temprana edad. Estos ataques, si son ignorados por los padres porque los ridiculizan o no hacen nada para pelear estos ataques, convertirán a la víctima en blanco del enemigo y el individuo crecerá con miedos, desconfianzas, traumas y fobias.

Cuando un demonio o un espíritu humano quieren comunicarse con usted, o entrar en guerra, lo hará a través de su espíritu. Muchas veces usted pensará que está soñando, pero en realidad es que usted entró a la dimensión espiritual.

Los sueños revelan lo que ocurre en nuestra vida espiritual. Si estamos recibiendo persecución demoniaca, los sueños cam-biaran drásticamente. Cuando tienes guerra en el sueño puedes perder tus batallas en lo físico, porque los sueños le dan la oportunidad a las tinieblas de sembrar cizaña.

Muchas personas pierden su cordura y sanidad mental a causa de pesadillas recurrentes, ellos viven en esa dimensión de miedo y terror incapaces de poner sus pies en la tierra o romper con esa realidad. Son atacados sin compasión por espíritus demoníacos y si son asistidos por un doctor, este tratará los síntomas con medicinas, pero jamás curará al paciente porque la raíz de su locura es espiritual, su vida fue puesta en la jaula del maligno, en prisiones de obscuridad.

Este tipo de sueños es usado frecuentemente por los brujos y hechiceros para programar a sus víctimas y obrar encantamientos en ellos.

Salmos 13:1-4

¿Hasta cuándo, Jehová? ¿Me olvidarás para siempre? ¿Hasta cuándo esconderás tu rostro de mí? ² ¿Hasta cuándo pondré consejos en mi alma, Con tristezas en mi corazón cada día? ¿Hasta cuándo será enaltecido mi enemigo sobre mí? ³ Mira, respóndeme, oh Jehová Dios mío; Alumbra mis ojos, para que no duerma de muerte; ⁴ Para que no diga mi enemigo: Lo vencí. Mis enemigos se alegrarían, si yo resbalara

David está reconociendo que está bajo el ataque del enemigo y pide la intervención divina. Pídale a Dios que alumbre sus ojos para no dormirse porque es ahí donde el enemigo pone trampas para que resbalemos., mientras estamos dormidos (verso 3).

- La parálisis del sueño

Es el nombre científico para una condición que ocurre cuando la persona está entre despierto y dormido. Cuando es por causas espirituales va acompañada de manifestaciones paranormales. La persona verá cosas moverse, sombras, animales.

Un espíritu inmundo se trepa en la persona quitándole el habla, dejándolo inmóvil, lo único que puede mover son los ojos. La victima está bajo un ataque de terror, angustia, pánico, miedo, transpira,, el corazón se acelera.

Estos son espíritus asignados para destruir a las personas. Son espíritus nocturnos que se sientan en el pecho de su víctima produciendo un peso sofocante y una sensación de que algo acecha y paraliza. Al paralizar a la personas hacen un depósito demoníaco en la víctima trayendo terror, en ocasiones violan a sus víctimas, los dejan indefensos y vulnerables para un ataque posterior.

Muchas personas experimentan la sensación de perder el habla y de sentirse estrangulados. Cuando usted intenta pronunciar el nombre de Jesús encontrará que los primeros intentos serán fallidos, pero al poder articular y pronunciar ese poderoso nombre, el espíritu huira instantáneamente.

3

El sueño espiritual

Romanos 13:11
Y esto, conociendo el tiempo, que es ya hora de levantarnos del sueño; porque ahora está más cerca de nosotros nuestra salvación que cuando creímos.

Efesios 5:14
Por lo cual dice: Despiértate, tú que duermes, Y levántate de los muertos, Y te alumbrará Cristo.

Pablo le dijo a los Romanos que estaban durmiendo y necesitaban despertar y a los Efesios los llama a despertar del sueño espiritual que los tiene como muertos

Cuando se es adicto a dormir físicamente, se está en problemas, pero los problemas serán mayores si esto se transfiere al mundo espiritual Estar durmiendo espiritualmente da la oportunidad al enemigo de sembrar cizaña Los brujos y los hechiceros no duermen, suelen hacer largas vigilias cuando quieren destruir a alguien.

Muchas personas están en coma espiritual, van a la iglesia pero no escucharan lo que se dice a causa de que están muertos espirituales. El hecho de que usted tenga sus ojos físicos y este despierto en los físico, no garantiza que usted este despierto en el espíritu.

Hay una tremenda necesidad de estar orando en todo tiempo, porque el enemigo ataca cuando menos lo esperamos. El nunca duerme (1 Pedro 5:8-9).

Ejemplos de sueños espirituales

- Ceguera que viene de Dios

Isaías 29:10-12

Porque Jehová derramó sobre vosotros espíritu de sueño, y cerró los ojos de vuestros profetas, y puso velo sobre las cabezas de vuestros videntes.
[11] Y os será toda visión como palabras de libro sellado, el cual si dieren al que sabe leer, y le dijeren: Lee ahora esto; él dirá: No puedo, porque está sellado.
[12] Y si se diere el libro al que no sabe leer, diciéndole: Lee ahora esto; él dirá: No sé leer.
[13] Dice, pues, el Señor: Porque este pueblo se acerca a mí con su boca, y con sus labios me honra, pero su corazón está lejos de mí, y su temor de mí no es más que un mandamiento de hombres que les ha sido enseñado;
[14] por tanto, he aquí que nuevamente excitaré yo la admiración de este pueblo

con un prodigio grande y espantoso; porque perecerá la sabiduría de sus sabios, y se desvanecerá la inteligencia de sus entendidos. ¹⁵ Ay de los que se esconden de Jehová, encubriendo el consejo, y sus obras están en tinieblas, y dicen: ¿Quién nos ve, y quién nos conoce? ¹⁶ Vuestra perversidad ciertamente será reputada como el barro del alfarero. ¿Acaso la obra dirá de su hacedor: No me hizo? ¿Dirá la vasija de aquel que la ha formado: No entendió?

Estos versos nos revelan que a quienes les manda Dios este sueño, es una forma de ceguera espiritual:

Verso 13. Este tipo de sueño viene de Dios para cegar el entendimiento de los que lo buscan de boca, pero tienen el corazón lejos de Él.

Verso 14. Perecerá la sabiduría de sus labios y se desvanecerá la inteligencia de los entendidos.

Verso15. Los que se esconden de Jehová y dicen que nadie los ve. Los perversos, los que creen que nadie los hiso negando a su hacedor.

- El sueño como mecanismo de autodefensa

Jonás 1:5-6
Y los marineros tuvieron miedo, y cada uno clamaba a su dios; y echaron al mar los enseres que había en la nave, para descargarla de ellos. Pero Jonás había bajado al interior de la nave, y se había echado a dormir. 6 Y el patrón de la nave se le acercó y le dijo: ¿Qué tienes, dormilón? Levántate, y clama a tu Dios; quizá él tendrá compasión de nosotros, y no pereceremos.

Jonás usó el sueño como un mecanismo de auto-defensa. Había una tormenta y él no se daba por enterado hasta que el marinero lo confrontó.

Muchas personas entran a voluntad a un sueño espiritual para evitar ver las tormentas que los rodean. Abandonarse a la tristeza hasta llegar a la depresión, el alcohol, las drogas, el fumar, etc. Son ejemplo de eso. Muchas personas voluntariamente entran en el abismo del pecado sabiendo que está mal pero auto convenciéndose de que todo estará bien.

Esas personas están ciegas espiritualmente, el velo del enemigo ha segado sus ojos espirituales y solo la luz de Cristo puede sacarlos de ese estado.

Dios mandó a Jonás a ir a Nínive, pero en su desobediencia él se fue a donde le plació. Huyendo de la presencia de Jehová a voluntad decide entrar en un sueño espiritual.

Estudiar *Jonás 3:1-2.*
Verso 1. Aquí Dios manda a Jonás a levantarse, lo que implica que él seguía dormido espiritualmente.
Verso 2. Vemos que el profeta decide levantarse y hacer la voluntad de Dios

Verso 4. Vemos al profeta ya predicando, implicando eso su despertar del coma espiritual que se auto-impuso.

- El sueño del presumido

Jueces 16:19
Y ella hizo que él se durmiese sobre sus rodillas, y llamó a un hombre, quien le rapó las siete guedejas de su cabeza; y ella comenzó a afligirlo, pues su fuerza se apartó de él.
[20] Y le dijo: ¡Sansón, los filisteos sobre ti! Y luego que despertó él de su sueño, se dijo: Esta vez saldré como las otras y me escaparé. Pero él no sabía que Jehová ya se había apartado de él.

Muchos hombres fueron atrapados espiritualmente con el sueño de Sansón. Ponen en peligro a su familia para ir directo a la trampa de una mujer interesada, manipuladora y amante del dinero. Sansón fue un escogido de Dios, nació para grandes cosas, pero no pudo resistir la trampa de su propia debilidad.

Verso. 20. Sansón confió demasiado en sí mismo y en su fuerza, olvidando que su fuerza venia de Dios y que Dios nos pone límites. Mezclarse con una idolatra estaba en contra del mandato de Dios y las consecuencias de su desobediencia, fueron su destrucción.

Las siete gadejas de su cabeza representan perfección, el pacto hecho con el Altísimo. Ahora el pacto estaba roto y con el se rompió la protección sobrenatural que había sobre la vida de Sansón.

- El sueño del perezoso

Proverbios 24: 30-34
Pasé junto al campo del hombre perezoso, Y junto a la viña del hombre falto de entendimiento; 31 Y he aquí que por toda ella habían crecido los espinos, Ortigas habían ya cubierto su faz, Y su cerca de piedra estaba ya destruida. 32 Miré, y lo puse en mi corazón; Lo vi, y tomé consejo.

³³ Un poco de sueño, cabeceando otro poco, Poniendo mano sobre mano otro poco para dormir;
³⁴ Así vendrá como caminante tu necesidad, Y tu pobreza como hombre armado.

- El sueño que te impide orar

Marcos 14:37
³⁷ Vino luego y los halló durmiendo; y dijo a Pedro: Simón, ¿duermes? ¿No has podido velar una hora?
Notemos que a Pedro lo llamó por su antiguo nombre Simón. Significando que no había avance espiritual en úl, que todavía estaba en el pasado. Jesús le reclamaba que no podía velar ni una hora con él.

Existen personas que no pueden orar ni por 15 minutos y no se dan cuenta de que están dormidos espiritualmente. Se aburren y empiezan a bostezar tan pronto comienza a orar, leer la biblia o tienen mucho tiempo en un servicio religioso.

- Sueños que causan accidentes

Hechos 20:8-12
Y un joven llamado Eutico, que estaba sentado en la ventana, rendido de un sueño profundo, por cuanto Pablo disertaba largamente, vencido del sueño cayó del tercer piso abajo, y fue levantado muerto. 10 Entonces descendió Pablo y se echó sobre él, y abrazándole, dijo: No os alarméis, pues está vivo. 11 Después de haber subido, y partido el pan y comido, habló largamente hasta el alba; y así salió. 12 Y llevaron al joven vivo, y fueron grandemente consolados.

Existen una clase de sueños profundos que terminan en accidentes. Esto pasa frecuentemente en las carreteras. La distracción puede llevarnos a la muerte. Han entrado en un sueño espiritual profundo y se encuentran al lado de la ventana abierta por el infierno mismo que espera que caigan por ella.

La historia de Eutico tuvo un final feliz porque Pablo estaba en la escena, no pasando así con muchas personas porque Dios es algo muy ajeno a sus vidas. En estos tiempos la gente se deja influenciar por la tecnología, los aparatos electrónicos, las redes sociales entre otras distracciones convirtiéndose en sonámbulos espirituales.

- El sueño de los descuidados

Mateo 25
La historia de las vírgenes que se quedaron sin aceite muestra que debido al descuido espiritual puede que algunos no estén listos cuando Cristo venga por su iglesia.

¿Está usted durmiendo espiritualmente?

Revise la siguiente lista:
✓ La oración no es su prioridad.
✓ Esta contento en el nivel que esta, no tiene más sed.

- ✓ No aplica lo que aprende en las escrituras.
- ✓ Se ofende fácilmente.
- ✓ Le es difícil perdonar.
- ✓ No se envuelve en las actividades de su iglesia porque nunca tiene tiempo.
- ✓ No se goza en los servicios religiosos.
- ✓ Las cosas de Dios ya no lo emocionan.
- ✓ Usted justifica su propio pecado.
- ✓ Manipula y miente para salirse con la suya o para conseguir cosas en la vida.
- ✓ Usted no puede controlar a la carne y sus deseos.
- ✓ Usted tiene puertas abiertas a la pornografía.
- ✓ El estilo de vida que usted lleva no se diferencia en nada con el del mundo.
- ✓ Usted no puede resistirse a su carne.
- ✓ Su lenguaje es profano.
- ✓ Se avergüenza del evangelio o de ser llamado cristiano.
- ✓ Pasa más horas distraído en las redes sociales, películas, juegos y otros entretenimientos que lo que pasa leyendo la palabra o en oración.

4

Antes y después de dormir

Evite ser blanco del enemigo

✓ No vaya a dormir enojado con alguien, es una invitación al espíritu de homicidio (1 Juan 3:15). Esto activara todo tipo de tragedias en su vida porque en el espíritu usted tienen una deuda sin resolver (Mateo 5.22).

✓ No vaya a dormir deprimido o llorando pues está invitando a los espíritus de depresión, angustia, tragedia a atacarlo.

- ✓ No abra la puerta a la pornografía o literatura con contenido sexual, pues es una invitación a los espíritus incubo/súcubo a que lo visiten durante la noche.
- ✓ No vea películas de terror antes de dormir porque estará dándole la bienvenida a todo tipo de ataques terroríficos durante la noche.
- ✓ Memorice las escrituras.
- ✓ Alabe al señor antes de dormir.
- ✓ Use la Biblia como arma de defensa, elimina la presencia maligna en los sueños.

Juan 8:12
Otra vez Jesús les habló, diciendo: Yo soy la luz del mundo; el que me sigue, no andará en tinieblas, sino que tendrá la luz de la vida.

Es un arma que derribara todo lo que venga en su contra
2 Corintios 10:4-5

Porque las armas de nuestra milicia no son carnales, sino poderosas en Dios para la destrucción de fortalezas, ⁵ derribando argumentos y toda altivez que se levanta contra el conocimiento de Dios, y llevando cautivo todo pensamiento a la obediencia a Cristo.

Nos protege de la brujería

2 Timoteo 4:18
Y el Señor me librará de toda obra mala, y me preservará para su reino celestial. A él sea gloria por los siglos de los siglos. Amén.

La importancia de ver y mirar en el espíritu

Siguiendo el ejemplo de Jesús

Hebreos 12:2
Puestos los ojos en Jesús, el autor y consumador de la fe, el cual por el gozo puesto delante de él sufrió la cruz, menospreciando el oprobio, y se sentó a la diestra del trono de Dios.

Jesús es nuestro ejemplo a seguir y el nos enseñó la importancia de:

- Ver

Juan 8:38
Yo hablo lo que he visto cerca del Padre; y vosotros hacéis lo que habéis oído cerca de vuestro padre.

- Observar

Juan 5:19
Respondió entonces Jesús, y les dijo: De cierto, de cierto os digo: No puede el Hijo hacer nada por sí mismo, sino lo que ve hacer al Padre; porque todo lo que el Padre hace, también lo hace el Hijo igualmente.

La Biblia está llena de mensajes que resaltan la importancia de observar, mirar y ver. Al mirar algo, podemos cambiarlo. Por eso prestarle atención a los sueños de tanta importancia. Nosotros hemos sido bautizados con su espíritu y tenemos libre acceso a su trono de gracia y misericordia, el cual está en el tercer cielo. Es decir podemos entrar a lo sobrenatural

2 Corintios 4:18
No <u>mirando</u> nosotros las cosas que se <u>ven</u>, sino las que <u>no se ven</u>; pues las cosas que se <u>ven</u> son temporales, pero las que no se <u>ve</u>n son <u>eternas</u>.

2 Corintios 5:7
Porque por fe andamos, no por <u>vista</u>.

Colosenses 3:1-2
Si, pues, habéis resucitado con Cristo, buscad las cosas de <u>arriba</u>, donde está Cristo sentado a la diestra de Dios.
² Poned la <u>mira </u>en las cosas de <u>arriba</u>, no en las de la tierra.

Romanos 8:4-7
Para que la justicia de la ley se cumpliese en nosotros, que no andamos conforme a la carne, sino conforme al <u>Espíritu</u>.

⁵ Porque los que son de la carne piensan en las cosas de la carne; pero los que son del Espíritu, en las cosas del Espíritu. ⁶ Porque el ocuparse de la carne es muerte, pero el ocuparse del Espíritu es vida y paz. ⁷ Por cuanto los designios de la carne son enemistad contra Dios; porque no se sujetan a la ley de Dios, ni tampoco pueden;

Hechos 1:8
Pero recibiréis poder, cuando haya venido sobre vosotros el Espíritu Santo, y me seréis testigos en Jerusalén, en toda Judea, en Samaria, y hasta lo último de la tierra.

Las escrituras nos están llamando constantemente a caminar en lo sobrenatural. Las leyes de Dios quieren enfocarnos en las cosas de arriba que no se ven porque allí es donde las cosas se conciben.

Al practicar estas cosas adquirimos madurez espiritual y desarrollamos una relación con el Padre llegando a ser co-participes del proceso de creación, manifestación y expansión del Reino de la luz en la tierra (el plano físico).

La oración de la noche

Isaías 41:10
[10] No temas, porque yo estoy contigo; no desmayes, porque yo soy tu Dios que te esfuerzo; siempre te ayudaré, siempre te sustentaré con la diestra de mi justicia.

1 Tesalonicense 5:17
Orad sin cesar.
La mejor forma de agarrar un ladrón es en el acto, con las manos en la masa. Eso es lo que hace la oración de la noche.

Importancia de la oración de noche o de madrugada

Los brujos y hechiceros hacen sus consultas de día, pero sus trabajos de maldad lo hacen durante la noche.

Antes de dormirse, especialmente si esta bajo un ataque espiritual:

✓ Pídale a Dios que mande sus ángeles a acampar a su alrededor.
✓ Pídale al Espíritu Santo que construya una nube de fuego alrededor suyo.
✓ Use sus armas.
✓ Unja su casa con aceite (ventanas, puertas con sus linderos, cama, etc.).

Algunas armas:

- Sangre de Cristo

Apocalipsis 12:11
Y ellos le han vencido por medio de la sangre del Cordero y de la palabra del testimonio de ellos, y menospreciaron sus vidas hasta la muerte.

- El nombre de Jesús

Romanos 14L10-11
Para que en el nombre de Jesús se doble toda rodilla de los que están en los cielos, y en la tierra, y debajo de la tierra;

[11] y toda lengua confiese que Jesucristo es el Señor, para gloria de Dios Padre.

Si usted se ha llenado de la escritura y su hombre interior ha aprendido a conectarse con Dios, su subconsiente tendrá la capacidad de llamar este poderoso nombre aún cuando este dormido y ningún poder podrá controlarlo. Este poderoso nombre, al ser mencionado, puede defenderlo de todo tipo de ataque espiritual.

- Llama de fuego

Isaías 66:15
[15] Porque he aquí que Jehová vendrá con fuego, y sus carros como torbellino, para descargar su ira con furor, y su reprensión con llama de fuego.

Las escrituras nos enseñan que nuestro Dios es fuego consumidor, pídale a Dios que consuma todo tipo de ataque en su vida.

- Clamar a Dios como su refugio

Proverbios 18:10
Torre fuerte es el nombre de Jehová; A él correrá el justo, y será levantado.

Use el nombre poderoso de nuestro Dios cuando tenga que escapar de cualquier tipo de ataque espiritual.

- Los ángeles de Dios

Salmos 91:10-11
No te sobrevendrá mal, Ni plaga tocará tu morada.
11 Pues a sus ángeles mandará acerca de ti, Que te guarden en todos tus caminos.

Los ángeles son parte de la protección sobrenatural que está disponible para los hijos de Dios. Pida al Señor que los mande cuando necesita asistencia en sus batallas espirituales.

Importancia de cancelar el ataque en los sueños

✓ Le asegurará la victoria sobre las tinieblas.
✓ Sabrá orar con propósito.
✓ Te ayuda a controlar las actividades del diario vivir.
✓ Usted le llevara ventaja al enemigo porque estará al tanto de sus movimientos.
✓ Te libra de problemas.
✓ Le estropea los planes al maligno.

Si usted tuvo un mal sueño, cancélelo en oración. Debido a que los sueños son de origen espiritual, cualquier contenido negativo revelado en los sueños nos muestra que el enemigo está tratando de implantar cizaña en la vida del que sueña. Como cristiano usted debe decirle que NO a los veredictos satánicos que se originaron en el mundo espiritual. Si usted ignora un mal sueño y no lo cancela, el sueño se manifestará por defecto (de manera automática) permitiéndole al maligno salirse con la suya.

En cualquier caso, el sueño debe ser desafiado si no se manifestarán problemas inexplicables en su vida que podrían haber sido tratados de antemano

Santiago 4:7
Someteos, pues, a Dios; resistid al diablo, y huirá de vosotros.

Si usted resiste al maligno según la ley de Dios, el tiene que huir; de igual manera si no encuentra resistencia, se queda.

Pasos para cancelar un mal sueño

✓ Pídale al Espíritu Santo que recuerde el sueño.
✓ Escríbalo.
✓ Pida el espíritu de sabiduría y el don de discernimiento de espíritus.
✓ Pídale al Espíritu Santo repetir ese sueño.
✓ Resista todo ataque demoníaco en el sueño. Use el nombre de Jesús en ese sueño, cite las escrituras.
✓ Pida el refuerzo de ángeles guerreros para poder resistir ese ataque.

✓ Reconozca si el enemigo se disfrazó y está usando su cara o la de un ser querido para engañarlo.

Como ganar el control de sus sueños

Entender los sueños es lo mismo que entender la vida misma. Lamentablemente la mayoría de las personas ignoran o no ven la necesidad de descubrir los mensajes ocultos en sus sueños.

Puede recordar un sueño en el que dijo algo, le hicieron algo, le pasó algo en lo que no tenía control. Muchas personas se sienten indefensas en sus sueños de aquel que los está atacando en los sueños. En algunos casos es como que cuando están en el sueño son un personaje sin voluntad propia que desempeña el guión en una película.

Desafortunadamente esta es una táctica demoniaca, el ganar el control de nuestros sueños y luego hacer que estos se mani-fiesten en la vida del soñante sin que este sepa que está cooperando.

Para entender estos misterios del reino debemos entender que todo lo que ocurre en el espíritu está sujeto a reglas. Por ejemplo:

1 Pedro 5:8
Sed sobrios, y velad; porque vuestro adversario el diablo, como león rugiente, anda alrededor buscando a quien devorar.

Lo primero que el enemigo busca es hacerlo creer que un sueño es solo un sueño, producto de su imaginación, etc. Cuando la persona tiene esta creencia se vuelve una víctima porque se conformara con todo lo que llegue a su mente durante el sueño y por lo tanto no se defenderá y violará el mandato divino de estar vigilante. En consecuencia, el enemigo tiene todo derecho legal de devorarlo.

Para ganar el control de sus sueños usted debe de estar lleno de la palabra de Dios según Lucas 6:45. Es decir que si llenas su espíritu de escrituras, este resistirá automáticamente todo reto que el enemigo ponga, aun esté dormido (porque el hombre espiritual no duerme).

Si bien es posible que no tengamos mucho control sobre lo que se concibe en el reino espiritual (mundo espiritual), tenemos la autoridad en la mayoría de los casos para aprobar o rechazar su solicitud de entrada a la tierra y, por extensión, nuestras vidas.

Una de las formas más comunes en que se otorga la aprobación es mediante nuestras declaraciones conscientes e inconscientes. Las leyes de las Escrituras dictan que la muerte y la vida residen en el poder de nuestras lenguas y que lo que declaramos con mayor frecuencia o no es lo que se otorgará o negará en la tierra (Proverbios 18:21).

Otra ley de las Escrituras que apoya Proverbios 18:21 sería Job 22:28 y esto es lo que dice: "También decretarás una cosa, y te será establecida". Un decreto se define como un edicto, ley, etc. hecho por alguien con autoridad.

Ahora, para unir todo esto, el mundo espiritual, que es el origen de todas las cosas o donde todas las cosas están concebidas espiritualmente, está buscando constantemente la aprobación directa o indirecta de un humano para manifestar su voluntad, propósito o deseo en el reino de la tierra. En su mayor parte, sus aprobaciones se logran durante nuestros sueños. En esencia, la aprobación significa que nosotros, como seres humanos, estamos directa o indirectamente de acuerdo con lo que los espíritus del reino espiritual nos presentan en nuestros sueños. Nuestra aceptación de lo que se nos da en nuestros sueños es lo que constituye lo que se conoce como un **pacto.** Son los convenios que se establecieron en nuestros sueños los que producen físicamente lo bueno o lo malo en nuestras vidas, que es o fue el resultado final de lo que fue concebido o fabricado espiritualmente. Por eso es tan, tan, tan importante hablar o hacer declaraciones CONTRA los sueños malos o incómodos.

Dios en una de las muchas leyes con respecto al planeta tierra que se encuentran en Génesis 1:26, 28 establece que le dio al hombre (seres humanos) y no a los espíritus dominio y autoridad sobre la tierra. Así se explica por qué un espíritu necesita la aprobación del hombre para manifestar su voluntad en la tierra. Por lo tanto, es de suma importancia dominar esta comprensión, ya que se relaciona con nuestros sueños junto con nuestras confesiones diarias, ya que podríamos permitir inadvertidamente que las cosas del reino de los espíritus que trabajan en contra de nosotros entren en nuestras vidas.

Versos bíblicos para antes de salir de la casa

Salmos 5:3

Oh Jehová, de mañana oirás mi voz; De mañana me presentaré delante de ti, y esperaré.

Salmos 118:24
Este es el día que hizo Jehová; Nos gozaremos y alegraremos en él.

Sofonías 3:17
Jehová está en medio de ti, poderoso, él salvará; se gozará sobre ti con alegría, callará de amor, se regocijará sobre ti con cánticos.

Lamentaciones 3:22-23
Por la misericordia de Jehová no hemos sido consumidos, porque nunca decayeron sus misericordias. [23] Nuevas son cada mañana; grande es tu fidelidad.

Proverbios 3:5-6
Fíate de Jehová de todo tu corazón, Y no te apoyes en tu propia prudencia. [6] Reconócelo en todos tus caminos, Y él enderezará tus veredas.

Josué 1:9
Mira que te mando que te esfuerces y seas valiente; no temas ni desmayes, porque

Jehová tu Dios estará contigo en dondequiera que vayas.

Usando las escrituras para cancelar sueños demoníacos

Salmos 18:37-38
Perseguí a mis enemigos, y los alcancé, y no volví hasta acabarlos.
[38] Los herí de modo que no se levantasen; Cayeron debajo de mis pies.
[39] Pues me ceñiste de fuerzas para la pelea; Has humillado a mis enemigos debajo de mí.
[40] Has hecho que mis enemigos me vuelvan las espaldas, para que yo destruya a los que me aborrecen.

Salmos 27:1-2
El SEÑOR es mi luz y mi salvación; ¿a quién temeré? El SEÑOR es la fortaleza de mi vida; ¿de quién tendré temor?
[2] Cuando los malhechores vinieron sobre mí para devorar mis carnes, ellos, mis adversarios y mis enemigos, tropezaron y cayeron.

✓ No temo a ningún malhechor que busca mi tropiezo porque el Señor es mi fortaleza. Todos mis enemigos tropiezan y caen.

Salmos 33:10
Jehová hace nulo el consejo de las naciones, Y frustra las maquinaciones de los pueblos.
odo consejo del maligno ordenado en mi contra se nulifica, toda maquinación que el maligno planea contra mí se frustra.

Salmos 68:1
Levántese Dios, sean esparcidos sus enemigos, Y huyan de su presencia los que le aborrecen.

✓ Dios levántate y dispersa todo enemigo que trabaja en contra de mi progreso.

Salmos 91:7
Aunque caigan mil a tu lado y diez mil a tu diestra, a ti no se acercará.

Salmos 91:13
Pues a sus ángeles mandará acerca de ti,
Que te guarden en todos tus caminos.
¹² En las manos te llevarán, Para que tu pie no tropiece en piedra.

✓ Dios Altísimo manda tus ángeles a guardar mis caminos a cuidar mi pie de toda piedra implantada por el maligno en mis sueños para hacerme caer.

Salmos 141:9
Busco tu ayuda, oh Señor Soberano. Tú eres mi refugio; no dejes que me maten.
⁹ Líbrame de las trampas que me han tendido y de los engaños de los que hacen el mal.
¹⁰ Que los perversos caigan en sus propias redes, pero a mí, déjame escapar.

✓ Toda trampa puesta en mis sueños por mis enemigos para engañarme se descompone ahora.

Miqueas 7:8-9

¡Enemigos míos, no se regodeen de mí! Pues aunque caiga, me levantaré otra vez. Aunque esté en oscuridad, el SEÑOR será mi luz. ⁹ Seré paciente cuando el SEÑOR me castigue, porque he pecado contra él. Pero después, él tomará mi caso y me hará justicia por todo lo que he sufrido a manos de mis enemigos. El SEÑOR me llevará a la luz y veré su justicia.

✓ Mis enemigos no se reirán de mí, yo me levantaré. La luz de Dios me saca de la oscuridad y veré su justicia.

Números 23:23

Porque no hay agüero contra Jacob, ni hay adivinación contra Israel. A su tiempo se le dirá a Jacob y a Israel: ¡*Ved* lo que ha hecho Dios!

✓ Todo adivino que utiliza la noche para consumar sus obras, sabrá quien es mi Dios.

Deuteronomio 20:4
Porque Jehová vuestro Dios va con vosotros, para pelear por vosotros contra vuestros enemigos, para salvaros.

✓ Dios va conmigo, pelea en contra de mis enemigos y me salva.

Deuteronomio 28:7
El Señor hará que los enemigos que se levanten contra ti sean derrotados delante de ti; saldrán contra ti por un camino y huirán delante de ti por siete caminos.

Éxodo 14:13-14
—No tengan miedo. Solo quédense quietos y observen cómo el Señor los rescatará hoy. Esos egipcios que ahora ven, jamás volverán a verlos. [14] El Señor mismo peleará por ustedes. Solo quédense tranquilos.

2 Reyes 6:16

Mientras los Hombres Duermen

—¡No tengas miedo! —le dijo Eliseo—. ¡Hay más de nuestro lado que del lado de ellos!

Isaías 7:7
Por tanto, Jehová el Señor dice así: No subsistirá, ni será.

✓ Todo decreto del enemigo queda cancelado y todo lo que el enemigo quiera cambiar en mi vida sea frustrado, por el poder de tu palabra.

Isaías 9:2
El pueblo que camina en oscuridad verá una gran luz. Para aquellos que viven en una tierra de densa oscuridad, brillará una luz.

✓ Señor que tu luz brille sobre mis sueños y espante toda densa oscuridad que el enemigo quiera traer sobre mí.

Isaías 10:27
En ese día, el SEÑOR acabará con la servidumbre de su pueblo. Romperá el

yugo de la esclavitud y se lo quitará de los hombros.

Isaías 41:10
No temas, porque yo estoy contigo; no desmayes, porque yo soy tu Dios que te esfuerzo; siempre te ayudaré, siempre te sustentaré con la diestra de mi justicia.

Isaías 43:18-19
Pero olvida todo eso; no es nada comparado con lo que voy a hacer. [19] Pues estoy a punto de hacer algo nuevo. ¡Mira, ya he comenzado! ¿No lo ves? Haré un camino a través del desierto; crearé ríos en la tierra árida y baldía.

Isaías 54:15-17
Si alguna nación viniera para atacarte, no será porque yo la haya enviado; todo el que te ataque caerá derrotado.
[16] »Yo he creado al herrero que aviva el fuego de los carbones bajo la fragua y hace las armas de destrucción. Y he creado a los ejércitos que destruyen.

¹⁷ Pero en aquel día venidero, ningún arma que te ataque triunfará. Silenciarás cuanta voz se levante para acusarte.

✓ Señor prometiste derrocar a mis enemigo, barre todo mal sueños y paraliza todo poder obrando, bloquea todo enemigo que me ataca y silencia toda voz que me acusa.
✓ Todo poder asignado en mi contra para atacarme en mis sueños es dejada sin poder.

Isaías 59:19
Y temerán desde el occidente el nombre de Jehová, y desde el nacimiento del sol su gloria; porque vendrá el enemigo como río, mas el Espíritu de Jehová levantará bandera contra él.

Jeremías 5:26
Hay hombres perversos entre mi pueblo que están al acecho de víctimas, como un cazador oculto en su escondite. Continuamente ponen trampas para atrapar a la gente.

✓ Toda trampa que se abre para tragarse mis sueños se cierra ahora en el nombre de Jesús.

Daniel 2:22-24
Él revela cosas profundas y misteriosas y conoce lo que se oculta en la oscuridad, aunque él está rodeado de luz. [23] Te agradezco y te alabo, Dios de mis antepasados, porque me has dado sabiduría y fortaleza. Me revelaste lo que te pedimos y nos diste a conocer lo que el rey exigía.

✓ Dios revélame todo trabajo demoníaco que se oculta en la oscuridad en mis sueños, expónelos y destrúyelos.

Sofonías 3:17
Pues el Señor tu Dios vive en medio de ti. Él es un poderoso salvador. Se deleitará en ti con alegría. Con su amor calmará todos tus temores. Se gozará por ti con cantos de alegría.

Marcos 11:23
En verdad os digo que cualquiera que diga a este monte: «Quítate y arrójate al mar», y no dude en su corazón, sino crea que lo que dice va a suceder, le será *concedido*.

Mateo 11:28
Venid a mí todos los que estáis trabajados y cargados, y yo os haré descansar.

Mateo 15:13
Jesús contestó:
—Toda planta que no fue plantada por mi Padre celestial será arrancada de raíz,

✓ Se arranca de raíz de mis paredes intestinales y vomito toda comida que se me dio en los sueños con el fin de envenenarme.

Colosenses 2:14-15
Y a vosotros, estando muertos en pecados y en la incircuncisión de vuestra carne, os dio vida juntamente con él, perdonándoos todos los pecados,

¹⁴ anulando el acta de los decretos que había contra nosotros, que nos era contraria, quitándola de en medio y clavándola en la cruz,
¹⁵ y despojando a los principados y a las potestades, los exhibió públicamente, triunfando sobre ellos en la cruz.

✓ Gracias Jesús por tu sacrificio que dejo nulos los decretos contrarios, los quito y los clavó en la cruz. Me pongo de acuerdo con tu palabra que dice que triunfaste sobre todo los espíritus que buscaban acusarnos.

Lucas 4:18-19
El Espíritu del Señor está sobre mí, porque me ha ungido para llevar la Buena Noticia a los pobres. Me ha enviado a proclamar que los cautivos serán liberados, que los ciegos verán, que los oprimidos serán puestos en libertad,
¹⁹ y que ha llegado el tiempo del favor del Señor.

Lucas 10:19
He aquí os doy potestad de hollar serpientes y escorpiones, y sobre toda fuerza del enemigo, y nada os dañará.

✓ Recibo poder de lo alto para cancelar todo sueño y pesadilla en mi vida.

Juan 10:10
El propósito del ladrón es robar y matar y destruir; mi propósito es darles una vida plena y abundante.
Yo recobro todo lo que el enemigo me ha robado en mis sueños.

Hechos 18:10
Porque yo estoy contigo, y nadie te atacará para hacerte daño, porque yo tengo mucho pueblo en esta ciudad.

2 Corintios 10:3-4
Somos humanos, pero no luchamos como lo hacen los humanos.
4 Usamos las armas poderosas de Dios, no las del mundo, para derribar las fortalezas

del razonamiento humano y para destruir argumentos falsos.

2 Corintios 10:4-5
Porque las armas de nuestra milicia no son carnales, sino poderosas en Dios para la destrucción de fortalezas, ⁵ derribando argumentos y toda altivez que se levanta contra el conocimiento de Dios, y llevando cautivo todo pensamiento a la obediencia a Cristo,

✓ Me paro en las escrituras para declarar que toda arma que el enemigo este usando en mi contra para atacarme en los sueños, queda derribada

Gálatas 3:13
¹³ Cristo nos redimió de la maldición de la ley, hecho por nosotros maldición porque está escrito: Maldito todo el que es colgado en un madero.

Colosenses 1:13-14

El cual nos ha librado de la potestad de las tinieblas, y trasladado al reino de su amado Hijo, 14 en quien tenemos redención por su sangre, el perdón de pecados. Aplico la sangre de Cristo para remover toda actividad y sus consecuencias de cualquier pesadilla implantada en mí.

Santiago 4:7
Someteos, pues, a Dios; resistid al diablo, y huirá de vosotros.

- ✓ Resisto todo enemigo que me hace guerra en los sueños para que huya en el nombre de Jesús.
- ✓ Todo sueño que está en contra de la obra redentora de la cruz y que intenta maldecirme trayendo retraso a mi vida se silencia ahora.

1 Pedro 5:8-9
¡Estén alerta! Cuídense de su gran enemigo, el diablo, porque anda al acecho como un león rugiente, buscando a quién devorar.

⁹ Manténganse firmes contra él y sean fuertes en su fe. Recuerden que su familia de creyentes en todo el mundo también está pasando por el mismo sufrimiento.

Señor empodérame para estar con un espíritu vigilante para que el enemigo no pueda hacerme su víctima cuando yo duerma.

1 Juan 4:4
Pero ustedes, mis queridos hijos, pertenecen a Dios. Ya lograron la victoria sobre esas personas, porque el Espíritu que vive en ustedes es más poderoso que el espíritu que vive en el mundo.

✓ El Espíritu Santo me equipa para mi victoria en el nombre poderoso de Jesús.

5

Tomando el control de sus sueños

Para recordar sus sueños

1. Señor, equípame con el espíritu de la revelación para poder interpretar mis sueños.
2. Reclamo mi derecho de soñar y reclamo sueños de propósito y dirección.
3. Todo espíritu manipulando mis sueños es removido ahora.
4. Yo reclamo mi derecho divino de soñar y recordar mis sueños.
5. No moriré ignorante de mis sueños.

6. Todo espíritu que causa olvido o fragmentación de sueño es cancelado ahora.

7. Todo espíritu que dice que yo no puedo soñar es un mentiroso porque Dios me diseñó para soñar, te ato y te prohíbo operar en mi vida.

8. Todo mensajero divino enviado a través de mis sueños recibe libertad para encontrarme y todo espíritu haciéndole interferencia es removido ahora.

9. Todo poder que encarcela mi hombre espiritual muere ahora.

10. Todo candado espiritual que encierra mi memoria y me impide recordar mis sueños, se rompe ahora.

11. Todo poder que borra mis sueños, abandona mi vida en el nombre de Jesús.

12. Todo ataque que he sufrido como resultado de los sueños fragmentados termina hoy.

13. Todo enemigo que viene a mí en mis sueños muere, en el nombre de Jesús.

14. Todo espía satánico asignado a monitorear mis sueños es destronado ahora.

15. Todo encantamiento que busca hacerme su blanco se confunde y pierde su poder.
16. Todo depósito de brujería en mis sueños es anulado ahora.
17. Toda cizaña espiritual que ahoga mis sueños es arrancada ahora.
18. Toda ancla espiritual que me ata a las iniquidades de mis antepasados se desprende de mí ahora.
19. Recupero el archivo de mis memorias que contiene mis sueños, los recordaré en el nombre de Jesús. Le exijo al devorador soltarlos ahora.
20. Todo lo que trae confusión a mi memoria y manipula mi cerebro es desautorizado y me suelta ahora.
21. La luz de Cristo termina con las tinieblas en mis sueños.

Invitando a Dios a sus sueños

1. Señor revélate a mi ser en sueños.
2. Declaro que mi espíritu esta alerta y listo para escuchar la voz de Dios.

3. Esta noche y todas las noches, mi antena espiritual se conecta con el reino de la luz.

4. Jesús te invito a visitar toda área de mi vida donde había tinieblas para que expongas y destruyas todo lo que no te pertenece.

5. Ángel del Señor te invito a acampar al rededor de mi cama.

6. Todo sueño que viene de Dios, se cumple.

7. Toda promoción y progreso que es revelado a mi espíritu a través de mis sueños, se vuelven realidad.

8. Las bendiciones que Dios me da en los sueños me alcanzan en el nombre de Jesús.

9. Dios, si mis sueños vienen de ti, me pongo de acuerdo con ellos y con las bendiciones que me traerán que están pendientes en lo que no se ve.

10. Oro para que no haya retraso ni sabotaje en el reino espiritual departe de las tinieblas para frustrar las bendiciones y los planes que tienes para mí.

11. Dios darme el poder para controlar toda actividad demoniaca que se mueve en los sueños para hacerme daño.

Para que se manifiesten los sueños de Dios

Hechos 2:17
Y en los postreros días, dice Dios, Derramaré de mi Espíritu sobre toda carne, Y vuestros hijos y vuestras hijas profetizarán; Vuestros jóvenes verán visiones, Y vuestros ancianos soñarán sueños.

Dios quiere que el destino que Él preparó para usted se manifiesten en su vida. Una de las maneras en que lo hace es a través de los sueños si esos sueños no se cumplen su vida se estancará. Si usted no sueña o no recuerda sus sueños quiere decir que esos están siendo secuestrados en el reino espiritual; igualmente si usted tiene sueños buenos que nunca se manifestarán.

El enemigo es un experto en esconder y distorsionar los sueños es por eso que para lograr que sus sueños se manifiesten usted debe pelearlos en oración e interceptar todo ataque demoníaco.

Oraciones

1. Los sueños que Dios tiene para mi empiezan a manifestarse ahora.
2. Todo enemigo operando en mis sueños recibe el fuego de Dios ahora.
3. Todo poder que se opone a la manifestación de mis sueños es derrumbado ahora.
4. Paralizo todo poder que malgasta mis sueños y trae pesadillas a mi vida.
5. Todo sueño robado es traído a mi memoria por el poder del Espíritu Santo.
6. Recibo el poder de recordar mis sueños en el nombre de Jesús.
7. Padre, sana todo sueño que el enemigo haya mutilado.
8. Mis sueños empiezan a resucitar ahora.

9. Todo devorador de sueños que intercepta mis noches es desautorizado ahora.
10. La fuente de mis sueños empieza a fluir ahora
11. Dios, abre el libro de las memorias para que mis sueños que vienen de ti empiecen a manifestase.

Para despertar del sueño espiritual

1. Altísimo, restaura tu diseño original para mi vida.
2. Dios, desbarata todo poder que decreta que no cumpliré mi destino.
3. Hecho fuera todo espíritu de vagancia que me ataca cuando oro o leo la palabra de Dios.
4. Mi espíritu es la lámpara de Dios y me despierta para recibir sus planes y dirección.
5. Todo espíritu que me consume en las noches es desautorizado por el poder de la sangre de Cristo.

Para cancelar la opresión satánica

1. Toda esclavitud programada en mi destino a través de mis sueños es destruida.
2. Todo espíritu maligno que proviene de mi fundación, tiene prohibido el paso a mis sueños.
3. Todo acoso en mis sueños no prospera.
4. Toda arma maligna diseñada para atacarme en la noche, queda desactivada.
5. Todo plan del enemigo se aborta ahora. Todo sueño de fracaso, muere ahora.
6. Ganaré las batallas de la noche en el nombre de Jesús.
7. Todo ataque de brujas y hechiceros durante las horas de la noche es cancelado por el el poder de la sangre de Cristo.
8. Todo sueño demoníaco anclado a mi progreso muere ahora.
9. Toda prisión demoniaca se rompe ahora.
10. Todo caldero de brujería cocinándose en mis sueños se consume ahora.
11. Toda enfermedad introducida a mi vida por los sueños para dañarme sea

cancelada y destruida en el nombre de Jesús.

12. Todos sueño que monitorea mi vida muere ahora.

13. Toda cizaña demoniaca plantada en mis sueños, se desarraiga ahora.

14. Cierro mis oídos espirituales al enemigo de mi alma que me llama en los sueños.

15. Toda reunión maligna que las tinieblas planea llevar a cabo en mi casa, es expuesta y se dispersa ahora.

16. Toda pesadilla que tuve en el pasado y que este afectando mi vida, se quema.

17. Todo milagro que se coló de mis manos a través de los sueños, se recuperan ahora.

18. Toda flecha de muerte y destrucción que entró a mí en mis sueños, se devuelve ahora.

Para anular los sueños de destrucción

1. Toda flecha de destrucción enviada a mis sueños, vuelve al que la originó.

2. Todo espíritu ancestral que quiere atacarme en sueños, muere.

3. Todo poder asignado para matarme se seca.

4. Todo espíritu familiar tratando de controlarme a través de los sueños, muere.

5. Me libero de todo sueño demoníaco y su plan de destrucción.

6. Todo poder obscuro que usa mis sueños para manipular mi destino, se desarraiga de mí ahora.

7. Todo poder que planea contaminar mi cuerpo en mis sueños muere ahora.

8. Mi espíritu, cuerpo y alma rechazan todo romance espiritual implantado en sueños.

9. Todo altar satánico construido para monitorearme en los sueños, se destruye ahora.

10. Toda mesa espiritual que el enemigo ha preparado para mí, es desmantelada ahora.

11. Todo portal ancestral preparado para mi vida que quiera bloquearme en los sueños se cierra ahora.

12. Reclamo todo lo que he perdido a consecuencia de ataques y derrotas en los sueños.
13. Hago nula toda manipulación satánica en mis sueños.
14. Encarcelo todo ladrón y asaltante de sueños en el nombre de Jesús.
15. Toda invasión satánica a mis sueños es arrestada ahora.
16. Todo fracaso en mis sueños se convierte en éxito.
17. Todas mis batallas en mis sueños se convierten en victorias
18. Todas mis pérdidas en mis sueños se convierten en ganancias.
19. Todo sueño negativo se convierte en positivo.
20. Todo sueño satánico es remplazado por visiones que vienen de lo alto.
21. Todo atentado del enemigo de dañarme en mis sueños es avergonzado ahora.
22. Todo accidente que las tinieblas planea en mis sueños, sea destruido ahora.

23. Ato toda criatura de la noche y la dejo sin poder.
24. Toda trampa preparada para mí en los sueños es destruida ahora.

Cancelando sueños demoníacos

1. Padre, cualquier acuerdo satánico que yo haya hecho en ignorancia con el reino de las tinieblas en mis sueños, es cancelado ahora por el poder de la sangre de Cristo.
2. Por el poder de la sangre de Cristo, recupero todo botín robado por el enemigo en mis sueños.
3. Destruyo toda fortaleza que me mantiene alejado del éxito.
4. Todo sueño que no viene de Dios se seca y muere.
5. Toda enfermedad originada en los sueños es expuesta ahora y muere.
6. Reclamo mi libertad del poder de las tinieblas.
7. Toda cárcel de hierro en mis sueños se abre ahora.

8. Todo plan del maligno operando en mis sueños se desautoriza ahora. Todo sueño de retroceso se cancela ahora.
9. Todo poder maligno que se introdujo a mi vida en los sueños, te resisto ahora.
10. Todo pacto de pobreza que se entabló en los sueños, se rompe por el poder de la sangre del cordero.
11. Todo retroceso introducido a mi vida en los sueños se devuelve ahora.
12. Toda flecha satánica que se originó en mis sueños queda sin poder.
13. Dios levántate y destruye al enemigo que vino mientras yo dormía.
14. Todo mensajero de muerte y malas noticias que vino a mis sueños, sea avergonzado.
15. Todo pacto hecho por ignorancia en los sueños se rompe ahora.
16. Toda batalla en contra de mi destino que tuvo su origen en mis sueños, se cancela ahora.
17. Toda proyección astral que se infiltró en mis sueños se desvanece ahora.

18. Todo poder asignado a mi vida se vuelve polvo por el poder del fuego de Dios.
19. Me niego a responder a la voz de espíritus inmundos que se infiltran en mis sueños.
20. Reclamo la promesa del Dios de Jacob de reprender al devorador por mí.
21. Todo depósito satánico transferido en mis sueños, sale de mi cuerpo ahora.
22. Todo decreto demoníaco sobre mi vida es cancelado y dejado inválido ahora.
23. Todo grillete satánico tratando de arrestarme se rompe ahora.
24. Dios sácame de la tierra del olvido donde el enemigo ha querido invalidar mis sueños.

Orando en contra de las pesadillas

1. Dios, santifica mi imaginación.
2. Eterno Dios, levántate y destruye toda pesadilla que planea afligir mi vida.
3. Todo sueño negativo planeando fracaso, es cancelado ahora.
4. Todo espíritu familiar que se infiltra en mis sueños queda encadenado ahora.

5. Dios levántame para poder orar, cuando el enemigo traiga miedo y terror a mis sueños.

6. Me desconecto de toda contaminación que se infiltró en mis sueños y de toda alteración demoniaca de mi destino.

7. Desconecto y desasocio mi vida de toda contaminación en los sueños que tenga que ver con ídolos familiares, sacrificios demoníacos, asociación y culto a demonios.

8. Todo altar demoníaco asociado con mi nombre, es avergonzado ahora.

9. Todo servidor de las tinieblas ministrando en contra de mi vida, es atravesado por la espada de Dios.

10. Toda mano de maldad que quiera paralizar mi destino recibe el juicio de Dios ahora.

11. Que el fuego de Dios consuma toda obscuridad en mi vida.

12. Cierro toda puerta que se abrió a los demonios por la ignorancia, ato todo hombre fuerte que estaba guardando esas puertas y las armaduras de esos gigantes

se queman ahora por el poder de la sangre de Cristo.

6

Cancelando Sueños peligrosos

Haga un inventario de sus sueños. No puedo enfatizar lo suficiente el hecho de que siempre será su falta de conocimiento lo que lo colocará en cautiverio.

Espíritu de brujería en los sueños

Nuestros sueños nos informan si nos están haciendo brujería.

✓ Si sueñas con serpientes, con agua (rio, mar).

- ✓ Soñar que es perseguido, que lo ahorcan, lo ahogan, le dan comida o bebida.
- ✓ Que está en ruina, hoyos, cuevas, desiertos, lugares asolados.

Estos sueños revelan que usted está en una jaula espiritual, en consecuencia en lo natural las cosas irán de mal en peor.

- ✓ Soñar con murciélagos, arañas, cangrejos, serpientes o criaturas extrañas.
- ✓ Soñar con ratas y cucarachas indica que los espíritus de brujería de la pobreza están siendo enviados contra el soñador.
- ✓ Sueños donde se ve cargando una carga insoportable o alguien que le obliga a llevar una carga.
- ✓ Sueños donde se ve en una reunión donde puede o no estar familiarizado, tales sueños indican iniciación de brujería. Lo que significa que alguien se está iniciando en la brujería a través de sus sueños

- ✓ Comer en sus sueños también indica actividad de brujería. Alguien está intentando contaminar su espíritu a través del sueño
- ✓ Tener sueños sobre muñecas con alfileres insertados en ellas o cadenas sobre el cuerpo de las muñecas.
- ✓ Verse a sí mismo volando en un sueño, no en un avión o cualquier medio de vuelo ordinario, es realmente un signo de brujería.
- ✓ Tener sueños donde ve alfileres insertados en su cabeza, esto indica brujería contra su mente. Esto hace que la víctima no sea capaz de concentrarse, o sufra dolores de cabeza extraños que la víctima o su médico resumirían en migrañas, etc.
- ✓ Tener sueños repetidos de si mismo desenterrando objetos que fueron plantados en su propiedad.
- ✓ Sueños donde se ve en un cementerio principalmente caminando hacia atrás, fuera de un cementerio o realmente ocupando un lugar entre las tumbas.

✓ Soñar con verse en un ataúd o enterrado en una tumba.

✓ Soñar con sus objetos personales enterrados en un cementerio o en la propiedad de otra persona o incluso su propiedad, indica un ataque de brujería, pero revela con mayor precisión que una Bruja o un Mago ha enterrado su destino.

✓ Sueños donde se ve en prisión o en una jaula, indica que le han colocado en una jaula espiritual a través de la brujería. Esto significa que existen limitaciones y restricciones espirituales en su vida, lo que explica por qué tiene todo para tener éxito físico pero no puede salir adelante.

Sueños teniendo relaciones sexuales (implantan pensamientos de lascivia y los demonios se lucran de eso y terminan llevándole a la perversión sexual). Es una herramienta de brujería para establecer pactos malvados que producirán lo siguiente en la vida natural del soñador:

- Dificultad para casarse.
- Problemas matrimoniales difíciles.
- Dificultad para quedar embarazada.
- Dificultad en el área de finanzas.

La brujería en sus finanzas tendría los siguientes indicadores en sus sueños:

- Posesión de dinero falsificado.
- Le robaron una billetera.
- Usar trapos, zapatos con agujeros.
- Rogando por dinero, comida, etc.
- Pérdida de efectivo, billetera, chequera o cheque de pago.
- La puerta del banco se cierra en su cara.

Soñarse con alguien o un grupo que le oculta libros.

✓ Los libros representan el conocimiento en un sueño, como recordatorio, es el conocimiento del que uno no es consciente el que causa destrucción, Oseas 4: 6.

Estos son algunos de los signos más comunes que se desarrollan en los sueños del soñador promedio con respecto a las actividades de brujería en sus vidas.

Si tienes o conoces a alguien que está experimentando tales sueños o actividades extrañas en su vida, le puedo asegurar que la oración común no ayudará en tales casos. Debido a que está siendo desafiado por un poder demoníaco altamente manipulador, el ayuno debe ir acompañado de su oración para cancelar tales sueños y actividades en su vida.

Animales

Isaías 30:6
Profecía sobre las bestias del Neguev: Por tierra de tribulación y de angustia, de donde salen la leona y el león, la víbora y la serpiente que vuela, llevan sobre lomos de asnos sus riquezas, y sus tesoros sobre jorobas de camellos, a un pueblo que no les será de provecho.

A lo largo de toda la Biblia, los animales son usados como símbolos. Algunos de

santidad y otros de impureza por ejemplo:
La paloma: el Espíritu Santo
El león: Jesús
El cordero: Jesús

Aunque los espíritus inmundos prefieren vivir en las personas, también pueden vivir en los animales (estudiar Marcos 5:10-12).

Existen muchas clases de animales que molestan a las personas en sus sueños. Dios no creo a los animales para hacerle daño a la humanidad. Es el maligno que se manifiesta en dicho animal para perseguir y aterrar a las personas en los sueños.

Generalmente estos animales son representaciones demoniacas de humanos que operan en el reino de las tinieblas. Cuando usted sueña con un animal que quiere dañarlo o perseguirlo, debe orar intensamente.

Abejas representan la operación de un ejército organizado de espíritus operando en su contra.

Águila representa el espíritu de la profecía.

Arañas representan bloqueo en el progreso, degradación, desacuerdos que paralizan su rompimiento espiritual. También pueden representar a la metástasis cuando el enemigo la está incubando en su cuerpo.

Búhos representan muerte y pérdida.

Buitre representa el espíritu de muerte y espíritus que se mueven en los cementerios.

Chivos representan terquedad, dificultad y pérdida.

Caracoles y babosas representan el espíritu de retraso, y pérdida de tiempo y aburrimiento.

Cocodrilos representan demonios que quitan la energía y destruyen los destinos y al espíritu de Leviatán.

Elefantes representan poderes malignos que actúan en la casa de nuestros padres. Monos y gorilas representan una mala persona operando en la familia.

Escorpión representa el espíritu de aflicción y dolor.

Gusanos son espíritu de destrucción y pobreza.

Gallos y gallinas representan que un reloj se ha activado para traer problemas de tiempo en tiempo

Hormigas representan espíritu de brujería espíritus que causan aflicción, desespero y dolor.
Lagarto representa el espíritu de temor y puede representación del espíritu de locura.

León representa un espíritu devorador.

Moscas representan espíritus inmundos. Representan el espíritu de la putrefacción y decadencia.

Murciélago representa ceguera espiritual y muerte.

Oveja representa a un hijo de Dios, ángeles de Dios.

Paloma representa el Espíritu Santo.

Pájaros en las ventanas (Apocalipsis 18:2, Isaías 13:21-22) indica una amenaza a su seguridad, ataque demoníaco, monitoreo espiritual, desgracia.

Peces representan un llamado divino, éxito en los negocios, progreso.

Perros, gatos, cuervos, vacas, ratas, ratones, toros, topos, caballos, leones panteras, etc. representan destrucción o persecución generalmente hechas en altares.

Perros, gatos y cuervos son señales de que lo están vigilando.

Perros también representan espíritu de perversión sexual, lujuria, íncubos y súcubos.

Pájaros negros representan muerte enfermedad, espíritus que bloquean las bendiciones.

Puercos representan pecado, odio, suciedad, espíritu de destrucción.

Ratas y ratones representan destrucción, también el espíritu de pobreza.

Serpientes y culebras representan espíritus acuáticos, ídolos en la fundación familiar, brujería y pactos ancestrales. Serpiente también representa mentira y engaño.

Ratas, ratones y topos significan que usted tiene asignado un espíritu de ruina.

Tortuga representa decepción, engaño.

Sapo representa hipocresía, también es un animal muy usado en los altares de brujería, por lo que representan que usted ha sido embrujado.

Vacas y toros representan a un gigante espiritual, espíritu de Jezabel. Un toro negro representa un espíritu que quiere destruir.

Zorra representan el trabajo de espíritus astutos y llenos de malicia.

Oraciones

1. Toda criatura que vuela o se arrastra diseñada para morderme en los sueños, se quema ahora.

2. Toda brujería que se disfraza de animal y que persigue mis sueños, te corto tus manos y pies.
3. Todo animal salvaje, animal domestico en mis sueños que trata de destruir mi gloria, mi progreso, te ordeno soltarme ahora.
4. Todo animal doméstico que me está atacando en los sueños muere ahora; todo poder que usa un animal para atacarme sea destruido ahora.
5. Todo encantador que usa los animales en el mundo espiritual para perturbarme queda en vergüenza ahora.
6. Fuego del Espíritu Santo rodéame para que ningún animal pueda atacarme o acecharme en los sueños.
7. Espíritu de Dios trae ceguera a la cara de todo bujo que utiliza un animal para acecharme en el nombre de Jesús.
8. Todo poder que usa un animal para perturbar mis sueños muere en el nombre de Jesús.
9. Todo pájaro de maldad volando en contra de mi familia recibe el fuego de Dios.

10. Todo perro ladrando en contra de mi progreso se paraliza ahora en el nombre de Jesús.
11. Todo insecto espiritual que me pica en los sueños para traerme desgracias, muere ahora.
12. El maligno no se alimentará de mi carne en el nombre de Jesús.
13. Toda red satánica que se ha reunido para traer destrucción a mi vida se desarticula ahora.
14. Cada palabra de maldición pronunciada contra mí, sea cancelada por la sangre de Jesús.
15. Toda agenda maligna que quiera traer destrucción a mi vida se desprograma ahora.
16. Todo espíritu asociado con un animal satánico que se ha asignado a mi vida se cancela ahora en el nombre de Jesús.
17. Que se confunda la lengua de mis opresores, en el nombre de Jesús.
18. Que el fuego del Dios vivo provoque avivamiento en mi familia, en el poderoso nombre de Jesús.

19. Cierro todas las puertas y portales satánicos, en el nombre de Jesús.
20. Me niego a ser utilizado como experimento satánico, en el nombre de Jesús.
21. Pido ayuda angelical para paralizar a cada ejército satánico dirigido contra mi hogar, en el nombre de Jesús.
22. Espíritu de las aguas operando contra mí, recibe el trueno de Dios, en el nombre de Jesús.
23. Rompo cada corona demoníaca sobre mi cabeza, en el nombre de Jesús.
24. Pido que el fuego y el trueno de Dios ataquen todos los poderes de la brujería que trabajan en mi contra, en el poderoso nombre de Jesús.
25. Todo agente del diablo enviado desde el fondo del infierno, recibe la ira de Dios, en el nombre de Jesús.
26. Cada herbolario que trabaje en mi nombre, se frustra, en el nombre de Jesús.
27. Cada oración satánica pronunciada contra mí, vuelve a su remitente, en el nombre de Jesús.

28. Me niego a recoger cualquier cosecha satánica, en el nombre de Jesús.

29. Diablo, escúchame y escúchame bien, ya no puedes robar mis bendiciones, en el nombre de Jesús.

30. Padre, te agradezco por las respuestas a mis oraciones, en el nombre de Jesús.

Atacado en los sueños

Salmos 56:1
Ten misericordia de mí, oh Dios, porque me devoraría el hombre; Me oprime combatiéndome cada día.

Un desconocido es una persona que no es familiar para usted. Si usted sueña que alguien que no conoce lo ataca, quiere decir que el hombre fuerte esta activo. Este tipo de espíritus se manifiestan en nuestros sueños para monitorearnos, para retarnos.

Oraciones

1. Todo poder demoníaco que quiere distraerme para que no alcance mi destino, muere ahora.
2. Todo espíritu que quiere mantenerme en derrota, es cancelado ahora.
3. Todo poder contratado por las tinieblas para traer desgracia de tiempo en tiempo queda en vergüenza ahora,
4. Desarticulo y destruyo toda red satánica que trata de monitorear mi vida.
5. Todo extraño contaminando mis sueños es dejado en vergüenza.
6. Cancelo toda maldición que el enemigo haya puesto en mi vida mientras se disfrazaba.
7. Espíritu del Dios viviente revela la verdadera identidad de todo espíritu que se disfraza en mis sueños.
8. Dios omnipotente, que mis enemigos se confundan y caigan en sus propias trampas.
9. Toda arma que las tinieblas estén usando en mi contra no prospera y es condenada en el nombre de Jesús.

10. Todo mensajero de las tinieblas que me monitorea en los sueños, queda desautorizado en el nombre de Jesús.

11. Dios perdóname y remueve toda viga espiritual que no permite que yo vea al otro como realmente es y permite que el enemigo se disfrace en mis sueños.

12. Todo espíritu que se disfraza para pasar desapercibido, sea desenmascarado ahora.

Comer en los sueños

Levítico 17:14
14 Porque la vida de toda carne es su sangre; por tanto, he dicho a los hijos de Israel: No comeréis la sangre de ninguna carne, porque la vida de toda carne es su sangre; cualquiera que la comiere será cortado.

Cuando una persona sueña que se le está dando comida o forzando a comer en los sueños quiere decir que dicha persona está siendo víctima de brujería con el objetivo de volverla vulnerable, enfermarla o introducir retraso y boqueo en su vida.

Soñar con que usted es obligado a comer significa que su espíritu ha sido invocado en el mundo espiritual y usted está bajo un embrujo para que coma un alimento prohibido o adulterado que lo conducirá a la deshonra y la mala suerte.

Tenga en cuenta que el sueño es espiritual. Por lo tanto, la realidad es que tu espíritu se alimenta una vez que participas de lo que sea que te hayan dado para comer o beber en el sueño. Desde ese momento en adelante, su destino ha cambiado. Ahora, quiero aclarar aquí que las personas que ve en su sueño podrían ser espíritus enmascarados o espíritus humanos astrales que se proyectan en sus sueños.

Le recomiendo ayunar y ungir su estomago con aceite.

Isaías 9:2

El pueblo que andaba en tinieblas vio gran luz; los que moraban en tierra de sombra de muerte, luz resplandeció sobre ellos.

Oraciones

1. Me niego a comer la comida preparada para mí por mis enemigos, en el nombre de Jesús.
2. Cualquier alimento malo que está causando enfermedad en mi cuerpo, será neutralizado por la sangre de Jesús y será destruido por el fuego.
3. Destruyo todas las cocinas, utensilios e ingredientes utilizados para servir alimentos para mí en el sueño, en el nombre de Jesús.
4. Cualquier alimento ancestral asignado para abrir puertas de aflicción contra mí, mueren por fuego, en el nombre de Jesús.

Dientes

Salmos 3:7
Levántate, Jehová; sálvame, Dios mío; Porque tú heriste a todos mis enemigos en la mejilla; Los dientes de los perversos quebrantaste.

Tener una buena dentadura es sinónimo de estar bendecido y en salud. Soñar con una dentadura dañada o que se cae significa vergüenza y deshonra debido a que cuando hablamos, lo primero que mostramos son nuestros dientes.

Tener dientes removidos o que se caen en los sueños hará que las personas le tengan desconfianza y se alejen de usted. Esto indica la obra del maligno.

Soñar este tipo de sueños es tener una idea de su estado de salud y sus emociones porque los dientes están muy cerca de la lengua.

La victima de este tipo de sueño puede sufrir enfermedad y destrucción de las emociones.

Oraciones

1. Oh Dios, quiebra sus dientes en sus bocas; Quiebra, oh Jehová: las muelas de los leoncillos (Salmos 58:6).
2. Y quebrantaba los colmillos del inicuo, Y de sus dientes hacía soltar la presa. y sálvame de los colmillos del malvado (Job 29:17).
3. Todo dardo de fuego enviado por el maligno se desvía ahora.
4. Jehová de los ejércitos, pasa carbón encendido por mi boca y púrgala de toda artimaña del maligno.
5. Martillo de Dios levántate y destroza toda quijada de encantadores y hechiceros que hacen conjuros en mi contra.
6. Todo conjuro diseñado para traer lamento y crujir de dientes a mi vida, se desbarata ahora.
7. Toda boca que está siendo usada para maldecir mi vida, se cierra ahora en el nombre de Jesús.
8. Todo poder asignado para masticar mi destino expira ahora.

9. Todo altar levantado para restringirme se destruye ahora.
10. Todo espíritu de chisme y falso testimonio que se ha levantado en mi contra me suelta ahora.
11. Espíritu del Dios viviente, ayúdame a recuperar todo diente robado en mis sueños.
12 Todo daño hecho a mis dientes en el mundo espiritual es sanado de raíz en el nombre de Jesús.
13. Todo efecto negativo implantado en mis encías y esperando su manifestación es cancelado ahora.
14. Dios líbrame de toda vergüenza pública.
15. Pido perdón y cancelo todo efecto negativo que mis palabras hayan podido tener sobre otros.

Enterrado en los sueños

Oseas 13:14
De la mano del Seol los redimiré, los libraré de la muerte. Oh muerte, yo seré

tu muerte; y seré tu destrucción, oh Seol; la compasión será escondida de mi vista.

Soñarse viéndose enterrado significa que el espíritu de la muerte está trabajando. Estos sueños exponen posibles pactos ancestrales. Aunque la persona está viva, su espíritu ha sido enterrado. Soñar con su propio funeral o entierro significa que en el espíritu se está programando su muerte espiritual para que su vida física este encarcelada.

Si es una tercera persona la que está siendo enterrada y usted no le revela el sueño (a esa persona) o lo pone en oración usted está permitiendo la entrada de ese espíritu en su vida.

Este tipo de sueños puede:
✓ Acabar con sus metas y planes.
✓ Paralizar su vida.
✓ Ponerlo bajo una maldición.
✓ Acabar con sus finanzas, matrimonio, ministerio, negocio y otras áreas de su vida.

✓ Muestran que la muerte está rodeando a algún familiar o ser querido.
✓ Provoca dolor y destrucción.

Escuchar voces en los sueños

¿Alguna vez has escuchado su nombre siendo llamado en el reino espiritual? ¿Ha respondido de alguna manera a voces satánicas?
¿Hay una voz a la medianoche que le ordena salir corriendo de tu casa?
¿Ha encontrado una voz que le obliga a hacer cosas extrañas?

✓ Las voces satánicas son espíritus que hablan para capturar y manipular el destino de sus víctimas.
✓ La voz satánica usa palabras malvadas para engañar y confundir a las personas.
✓ La voz satánica proviene del pozo de la oscuridad.

Cada vez que los malvados quieren atacar a una persona, invocan su nombre en el espíritu. Entonces, una vez que la persona responde, esa persona tendrá su destino desviado. En la mayoría de los casos, tal ataque es inmediato. Por ejemplo, podrían usar la voz de una persona familiar para matar, robar y destruir el destino de la victima A medida que las víctimas respondan a la voz satánica, habrá un episodio negativo para desviar su destino.

La voz satánica hace que sus víctimas deambulen y caminen sin rumbo, sin un propósito. Si usted se mueve sin conocer su propósito en la vida, significa que está bajo el tormento de la voz satánica. Este tipo de espíritus bloquea la ayuda que el reino de la luz envía a sus sueños para combatirlos mediante ataques.

✓ Algunas personas han escucharon una voz extraña sin saber qué hacer.

✓ Algunas personas hablan con espíritus inmundos que se disfrazan como seres humanos muertos en el sueño.

✓ Algunos son fácilmente controlados y manipulados por la voz satánica en el sueño.

La voz malvada puede obligar a una persona a realizar tareas extrañas, movimientos extraños a través de la depresión, las frustraciones y las decepciones. Estas son herramientas utilizadas por el diablo para empujar a las personas a la destrucción, a un estilo de vida improductivo.

Oraciones

1. Mencione su nombre _____, no debes responder a la voz de la aflicción, en el nombre de Jesús.
2. Frustro cada voz de brujería que produce frutos negativos en mi vida, en el nombre de Jesús.
3. Cada flecha de perturbación mental, disparada a mi vida a través de mis sueños, se devuelve en el nombre de Jesús.
4. Cada voz extraña que se introduce en mis asuntos y en mi vida, se convertirá en una voz celestial, en el nombre de Jesús.

5. Cada palabra negativa pronunciada en mi vida en el reino del espíritu, expira por fuego, en el nombre de Jesús.

6. Cada poder que usa la voz de mi familia para perpetrar la maldad en mi vida, eres un fracaso, mueres por fuego, en el nombre de Jesús.

7. Oh Dios, haz que tu voz sea más fuerte que la de mis enemigos, en el nombre de Jesús.

8. Las malas voces que persiguieron a mis ancestros, que afectan mi vida, se callan y mueren, en el nombre de Jesús.

9. Todo médico brujo asignado para tratar conmigo, sea dispersado por el fuego santo, en el nombre de Jesús.

10. Cada grito de un bebé extraño en el sueño, sea silenciado por la sangre de Jesús.

11. Cada poder oscuro que me habla en el sueño, se dispersa por el fuego, en el nombre de Jesús

12. Cualquier voz malvada de aflicción, no soy tu candidato, te rechazo por el fuego, en el nombre de Jesús.

13. La voz divina silenciada por la voz demoníaca, será restaurada por fuego en el nombre de Jesús.
14. La voz de los fracasos, asignada contra mí, será silenciada por la sangre de Jesús.
15. Cada voz que me empuja a pecar contra mi cuerpo, ser destruida en el nombre de Jesús.
16. Cada voz de pobreza es silenciada, en el nombre de Jesús.
17. Cada poder que use la voz malvada para capturarme en el sueño, será destruido en el nombre de Jesús.
18. Cada voz de idolatría que habla en contra de mi avance, se silencia y muere, en el nombre de Jesús.
19. Cada voz satánica, ordenando mi muerte, se silencia por la sangre de Jesús.
20. Mis oídos, no escuchan la extraña voz de la oscuridad, en el nombre de Jesús.

Espíritu de pobreza

Es una experiencia trágica cuando una persona se encuentra con un sueño patrocinado por la pobreza. La mayoría de las personas que se supone que son sólidas financieramente están sufriendo la base de un sueño donde son afectados por la pobreza. Este tipo de sueño nunca permitirá que la victima avance o logre su destino.

El sueño patrocinado por el espíritu de pobreza es una gran enfermedad. La agenda del diablo es cargar su destino con algunos malos sueños que le frustrarán y le harán pobre en la vida. Muchos han tratado de conquistar esos sueños mediante los ayunos y las oraciones, pero es como si cuanto más trataran, más difícil se hace ya que a veces, romper el yugo de una cierta pesadilla puede llevar varios años para que pueda soltar una persona por completo.

Mucha gente ha vendido sus riquezas al diablo a través de su sueño. Estas personas son como un recipiente vacío que no tienen nada que entregar a este mundo.

Cuando tiene dinero, pero no puede dar cuenta de ello, está operando bajo la unción del sueño patrocinado por la pobreza.

Cuando no puedes obtener dinero para hacer ciertas cosas en la vida, el diablo está plantando algunos sueños para robarte tus bendiciones. Por ejemplo, un hombre puede ser rico en el ámbito físico y aún ser pobre. Estos poderes tienen la responsabilidad de poner a alguien en marcha atrás y mantenerlos en un nivel bajo en la vida.

✓ Ver a una rata comiendo tu dinero.
✓ Ver a alguien robarte tu dinero.
✓ Verse a si mismo tener relaciones sexuales con alguien.
✓ Caminar descalzo.
✓ Ver a sus difuntos padres dándole algo.
✓ Usar trapos para cubrir la desnudez.
✓ Comer en el sueño.
✓ Rogar por dinero.
✓ Usar un zapato roto o notar que le robaron el zapato.

- ✓ Ver sus manos atadas abajo.
- ✓ Verse perdido en el pueblo.
- ✓ Ver un caracol muerto.
- ✓ Recibir dinero sucio o roto.
- ✓ Llevar leña.
- ✓ Discutir con los ancianos.
- ✓ Recibir un sobre vacío.
- ✓ Ver agujeros en las manos o en el bolsillo.
- ✓ Ver el techo de su casa goteando con lluvia.
- ✓ Ver un gato u hormiga en su habitación.
- ✓ Ver un cajero automático robado.
- ✓ Verse a sí mismo caminando de un lugar a otro.
- ✓ Verse a sí mismo en su antigua casa o escuela.
- ✓ Ver a una persona mayor en el pueblo tocarse la cabeza.
- ✓ Ver serpientes tragarse algo.
- ✓ Ver una rata morderse las piernas.
- ✓ Ser engañado.
- ✓ Comprar y vender cosas en el mercado.
- ✓ Soñarse vestido con ropa o zapatos viejos, ropa sucia, mendingando,

desamparado en la calle. Revela la agenda satánica de traer limitación y pobreza a su vida.

✓ Si usted se ve mendingando en sus sueños quiere decir que el enemigo ha implantando en usted un espíritu de pobreza.

✓ Soñarse con plagas relacionadas con sucio o miseria tales como cucarachas, ratas, piojos.

Oraciones

1. Todo espíritu de pobreza que trata de introducirse en mi vida, te corto en el nombre de Jesús.

2. Cada maldición de pobreza pronunciada sobre mí en el sueño, se rompe por fuego, se rompe por trueno, se rompe por la espada de los cielos en el nombre de Jesús.

3. Cada poder que anuncia pobreza en mi vida, tu tiempo se acabó, muere por fuego, en el nombre de Jesús.

4. Cada enemigo de mi prosperidad colocando canasta en mis manos, sean esparcidos por el fuego de Dios, en el nombre de Jesús.

5. Toda mano oscura que se levanta desde los ángulos de idolatría de la casa de mi padre para gastar mi dinero delante de mí, se incendia en el nombre de Jesús.

6. Cualquier sueño que active el yugo de la pobreza en mi vida, sea quebrantado por el fuego, en el nombre de Jesús.

7. Cada altar de pobreza del lado de mi padre y mi madre, te derribo con fuego, en el nombre de Jesús.

8. Cada maldición generacional de pobreza impuesta a mi familia por los antepasados, suelta tu poder, en el nombre de Jesús.

9. Cada espíritu de pobreza que luchó contra mis padres y quiere pelear conmigo, te prendo fuego en el nombre de Jesús.

10. Oh Dios, líbrame del sueño constante de la pobreza, en el nombre de Jesús.

11. Rechazo la estructura de la pobreza en la fundación de la casa de mi padre, que afecta mi vida, en el nombre de Jesús.
12. La voz de la pobreza en mi entorno no detendrá mi gloria, en el nombre de Jesús.
13. Cada sueño que fomenta la pobreza y la miseria en mi vida, muere en el nombre de Jesús.
14. Cualquier extraño de la oscuridad asignado para desviar mi dinero se incendia, en el nombre de Jesús.
15. Cada devorador asignado a robar de mi dinero, cuenta bancaria, muere, en el nombre de Jesús.
16. Todo pacto malvado hecho con la pobreza, se rompe y me liberara en el nombre de Jesús.
17. Mi bolsillo, mi cartera y mis finanzas reciben liberación por fuego, en el nombre de Jesús.
18. Cada banco de brujería guardando mi dinero en el espíritu, quiebra ahora en el nombre de Jesús.
19. Todo poder oculto que me roba, libera mis pertenencias ahora, en el nombre de Jesús.

20. Decreto que no sufriré lo que mis padres habían sufrido, en el nombre de Jesús.
21. Todos los sueños patrocinadores de pobreza, se desvanecen, en el nombre de Jesús.
22. Trueno de Dios rompe en pedazos todas las flechas satánicas de la pobreza disparadas en mi vida, en el nombre de Jesús.
23. Cada flecha de pobreza, se elimina con el fuego santo, en el nombre de Jesús.
24. Paralizo todas las flechas heredadas de pobreza y necesidad, en el nombre de Jesús.
25. Justo juez, revoca cada decreto malvado que trabaje en contra de mis potenciales, en el nombre de Jesús.
26. Elimino por fuego, cada marca de pobreza en mi vida, en el nombre de Jesús.

Nadar en los sueños

El concepto de agua en el sueño ha establecido sus raíces en la vida de muchas personas, esto se debe a que hay familias que tienen sus fundamentos conectados con los ídolos y las aguas. Esta práctica ha llevado a muchas personas a la esclavitud.

Cuando usted estudia su linaje y descubre que casi todos están luchando con problemas maritales o de pobreza. Esto le demuestra que el espíritu ancestral de las aguas ha destruido su fundación. En algunas familias el matrimonio se ha convertido en algo difícil y debido al espíritu del agua las personas atraen a las parejas equivocadas.

✓ Soñarse lavando su ropa en un río o mar que fluye, es un símbolo de limpieza espiritual, purificación y liberación. Demuestra que está lavando cada prenda sucia o maldita.

✓ Si sueña que su ropa está siendo arrastrada por el río, este sueño puede activar el comienzo de dificultades, depresión y ataques espirituales en las áreas clave de su vida. Los ríos le

quitaron sus objetos de valor, los devoradores buscan su gloria y sus finanzas.
✓ Cuando sueñas que tu hijo fue llevado por el agua, te está diciendo que tu hijo está dedicado al espíritu del agua. Ese niño necesita liberación. Existe una conexión entre el niño y el agua, lo que significa que su hijo ha sido pactado por sus ancestros. Si el niño se convierte en adulto, ese niño se volverá terco, también luchará con el matrimonio y las finanzas. Si sucede que actualmente no tiene un hijo, significa que tiene un hijo espiritual y habrá problemas para el matrimonio y la maternidad.
✓ Soñar con un rio donde el agua está seca revela la operación de un espíritu de desierto y sequedad. Este es un sueño inquietante, significa que todos sus planes no funcionarán según lo planeado.
✓ Cuando sueña que se encuentra en el río y el agua se seca en el proceso o el agua deja de fluir hacia nuestra

dirección, significa que la ira de Dios ha descendido sobre el agua para realizar su liberación.

✓ Si sueña reuniéndose con personas en el río o cuando sueña donde ve que algo ingresa dentro del río hasta el punto de asistir a la reunión, significa que un espíritu de agua ha estado viviendo dentro de ti por mucho tiempo, este espíritu perverso controla tu posesión y progreso desde el agua. (Mi consejo es que debe realizar una liberación seria).

✓ Inundación entrando a su habitación, es un signo de ataque espiritual para desperdiciar la vida de las personas. Este sueño predice problemas y ataques espirituales, significa que el espíritu maligno no quiere que experimente progreso en su hogar.

✓ Recoger agua del grifo, el agua limpia indica purificación. Muestra que su vida florecerá y traerá estabilidad mental.

✓ Si sueña que está buscando agua del arroyo o río, es una señal de que está luchando con dificultades y progreso financiero.

Oraciones

1. Oh Señor, perdóname de todos mis pecados y ten piedad de mí; rompe el diseño de cada brujería que milita contra mí; incendia el territorio del espíritu marino.

2. Rompa y deslíguese de cada pacto de sus antepasados que afecten su vida, ordene a su espíritu que salte y escape de la jaula del reino marino.

3. Cada dedicación maligna de mi vida a los dioses, la diosa del agua y los espíritus del agua se rompen y me liberan por la sangre de Jesús.

4. Todos los dioses y diosas satánicos dentro de las aguas que dominan y gobiernan mi vida, pierden el control ahora por el fuego de Dios.

4. Cualquier nombre malvado que me asignaron en las fiestas patronales de mi

pueblo es cancelado, en el nombre de Jesús.

5. Renuncio a cada pacto entre mí y los poderes del mal en el reino de las aguas, en el nombre de Jesús.

6. Padre mío, deja que cualquier pacto malvado firmado en mi nombre con poderes acuáticos se rompa y libérame, en el nombre de Jesús.

7. Me separo de todo pacto ancestral con espíritus de agua por el poder de la sangre de Jesús.

8. Los poderes marinos y del agua que reclaman propiedad y autoridad sobre mi vida y mi matrimonio, sean destruidos en el nombre de Jesús.

9. Ato el espíritu de estancamiento, no tomaré prestado para comer porque estoy cubierto con la sangre de Jesús.

10. Cada poder que usa el sueño del río para capturarme, le respondo con el fuego del Espíritu Santo para cancelar su asignatura.

11. Clamo la sangre de Jesús contra el espíritu del río que me perturba en el sueño.

12. Cada espíritu de las aguas que me obstaculiza (y a mi familia) se ahoga, en el nombre de Jesús.

13. Cada flecha disparada a mi vida por debajo del agua por poderes de brujería, salen de mí y regresan a su remitente en el nombre de Jesús.

14. Cada poder del reino acuático que magnetiza mi destino y retiene mis bendiciones se seca y pierde su poder, en el nombre de Jesús.

15. Mi destino capturado por las aguas, se liberta y me localiza ahora, en el nombre de Jesús.

16. Cada propiedad del agua y el espíritu marino que me fue regalada y está en mi posesión arde en cenizas, en el nombre de Jesús.

17. Cualquier poder bajo cualquier río o mar controlando remotamente mi vida se destruyen, en nombre de Jesús.

18. Espejos de brujería marina monitoreando desde el agua se secan y expiran en nombre de Jesús.

19. Cada agente de los poderes marinos dentro de las aguas que beben mi

prosperidad, traga el anzuelo de Dios en el nombre de Jesús.

20. ¡Oh Señor! Libera tu red para capturar cada espíritu marino que preocupa mi vida y mi destino en el nombre de Jesús.

21. Cada prisión satánica dentro de las aguas se abre por fuego y libera mis avances en el nombre de Jesús.

22. Cada contacto sexual con los agentes del reino del agua operando en el sueño se incendian, en el nombre de Jesús.

23. El matrimonio espiritual del agua queda roto por el fuego; rompo todo pacto malvado entre mí y la diosa de las aguas, en el nombre de Jesús

24. Mi anillo matrimonial enterrado en el agua sale por fuego, en el nombre de Jesús.

25. Reclamo a Jesús como mi esposo espiritual; por tanto los espíritus de sirena unidos a mi vida se desligan, en el nombre de Jesús.

Plaga en los sueños

Moscas, piojos, mosquitos, abejas, hormigas, gusanos, cucarachas, termitas, comején, chinchas, arañas, garrapatas, etc., significan que usted está siendo víctima de la brujería, se le ha enviado un espíritu para causar enfermedades y achaques. Generalmente estos trabajos se hacen para enfermar a la víctima y estos animales que usted ve fueron implantados en su espíritu tales como:

Presión arterial, azúcar, insulina, gases, diarreas, ulceras, problemas de páncreas, problemas de riñones, piedras, problemas de orina, diálisis, inflamaciones, artritis, colon irritado, gastritis, gases, hongos, asma, gripe recurrente, llagas , herpes, soriasis, heridas abiertas que nunca se cierran, picazón constante, enrojecimientos, escamas en la piel, ronchas en la piel, etc.

Marcos 3:10
Porque había sanado a muchos; de manera que por tocarle, cuantos tenían plagas caían sobre él.

Lucas 7:21

En esa misma hora sanó a muchos de enfermedades y plagas, y de espíritus malos, y a muchos ciegos les dio la vista.

Oraciones

1. Señor tócame, minístrame con tu Espíritu Santo.
2. Jesús me levanto en guerra con esta enfermedad ____, y vengo en contra de todo altar de plaga que tenga mi nombre.
3. Apago las velas, velones y veladoras, los dejo sin poder.
4. Toda foto, muñecos y papel con mi nombre se queman y se dejan si poder.
5. Todo trabajo con carne podrida, huesos, animales inmundos... son desautorizados en el nombre de Jesús.
6. Toda oración, rezo, novena invocación, y palabras de maldición lanzadas contra mí para producir enfermedades son dejadas sin poder.
7. Señor tócame y revienta toda plaga de mi cuerpo.

8. Toda bacteria y microbio espiritual se seca en el nombre de Jesús.

9. Renuncio al cáncer y toda maldición genética y vengo en contra de toda araña espiritual incubando telarañas en mi cuerpo.

10. Vengo en contra de todo decreto de muerte que me es contrario y le ordeno se queme ahora por el poder de la cruz.

Quemarse en los exámenes

Jeremías 29:11
Porque yo sé los pensamientos que tengo acerca de vosotros, dice Jehová, pensamientos de paz, y no de mal, para daros el fin que esperáis.

Este tipo de sueños puede retrasar el destino de una persona. Las fallas en los exámenes pueden multiplicar su dolor y sus frustraciones.

Si sueña con un examen escrito y pudo enviar sus documentos de respuestas, no tiene nada de qué preocuparse, porque el sueño muestra que avanzará en la vida, la carrera, los negocios y el matrimonio. Pero si no pudo presentar su trabajo después de redactar sus exámenes, significa que ha sido condicionado para pasar por una serie de decepciones, fallas al borde del avance, dolores, vergüenza, todo tipo de retrasos, desaliento, etc.

Si después de escribir sus documentos, descubre que su profesor no podía recogerlos, si usted es un estudiante, significa que su profesor está planeando fallarle seriamente el curso dando esto como consecuencia que el estudiante espera obtener ciertos puntajes en un curso, pero solo para descubrir que tuvo un puntaje bajo. Es la obra del diablo usar al maestro a través de ese sueño como una herramienta para contribuir a contratiempos y fracasos académicos en su vida.

Cualquier tipo de examen fallido en el sueño pondrá un obstáculo a su destino. El fracaso repetido es un síntoma común de este sueño. El problema con el fracaso del examen es que se agrandará y afectará otras áreas de su vida en las que nunca había pensado.

Oraciones

1. Ato y expulso de mi vida, el espíritu de los repetidos fracasos, en el nombre de Jesús.
2. Cada maestro satánico o profesor asignado para dañar mi vida, fracasa en el nombre de Jesús.
3. Me libero de la clase satánica en el sueño, en el nombre de Jesús
4. Retiro mis nombres del registro satánico de aquellos que fracasarán y se arrastrarán en la vida, en el nombre de Jesús.
5. Cada poder de la casa de mi padre actuando en contra mi progreso académico pierde su autoridad sobre mí, en el nombre de Jesús.
6. Exámenes fallidos no soy su candidato, reciben deshonra en el nombre de Jesús.

Mientras los Hombres Duermen

7. Oh Dios, levántate y cumple tu promesa de prosperarme, en el nombre de Jesús.

8. Presento mis papeles del destino al maestro correcto, en el nombre de Jesús.

9. Cada maldición de fracaso a mi alrededor es quebrantada por el fuego, en el nombre de Jesús.

10. Cada maldición de ver oportunidades a mi alrededor, y no ser capaz de utilizarlas, se rompen con fuego, en el nombre de Jesús.

11. Que cada demonio espiritual que marque mi guión del destino se queme en cenizas en nombre de Jesús.

12. Cada fuerza de fracaso que intenta evitar que escriba mis papeles en el sueño, se cancela, en el nombre de Jesús.

13. Espíritu Santo hazme recordar y restaura mi memoria, en el nombre de Jesús.

14. Fuego del Espíritu Santo, repara mi base académica, en el nombre de Jesús.

15. Oh Señor, deja que el poder que espera mi caída tropiece y caiga en el nombre de Jesús.

16. Todas las decepciones heredadas que impiden mi éxito, se alejan de mí, en el nombre de Jesús.
17. A partir de hoy, el éxito es mi nuevo nombre. No tengo ninguna relación con el atraso y el estancamiento en el nombre de Jesús.
18. Toda marca maligna en mi cuerpo que me llevan al aula satánica para escribir exámenes, te reprendo hoy, en el nombre de Jesús.
19. Dios, levántate y toma el control de mi destino, en el nombre de Jesús.
20. Recupero todas mis glorias escondidas en mis escuelas formales, en el nombre de Jesús.
21. Todo escritura de frustración pendiente sobre mi vida, es cancelada por la sangre de Jesús.
22. Me libero de todo sufrimiento y trabajo duro sin fines de lucro, en el nombre de Jesús.
23. Los poderes que me excluyen de ser una persona exitosa, reciben doble calamidad, en el nombre de Jesús.

24. Rompo el poder de los ídolos ancestrales sobre mi vida y mi destino, en el nombre de Jesús.

25. En el nombre de Jesús, declaro que estoy avanzando y nada puede arrastrarme hacia atrás.

Viviendo en su antigua casa

Salmos 11:3
Si fueren destruidos los fundamentos, ¿Qué ha de hacer el justo?

La casa es un edificio para habitación humana; existe la buena casa y la mala casa. La buena casa es una casa donde mora el Espíritu Santo, una casa donde la gente progresa y bendice. Una mala casa es aquella donde existe la demora, enfermedad, mala suerte, muerte, etc.

Cuando sueña con su antigua vivienda está experimentando una prisión o manipulación satánica. Significa que el enemigo está librando una guerra contra usted en su antigua casa (pasado). Los demonios que operan en su casa (línea sanguínea) son los responsables del problema que enfrenta, estos atacan y traen aflicción a su vida a través de su casa.

Este sueño Indica que está pendiente un pacto malvado de atraso con su antigua morada. Significa que hay algunas actividades que tuvieron lugar en su antigua casa que el enemigo lo está usando para atacar.

Si en el sueño la gente lo está monitoreando, significa un ataque desde su fundación; si ve cosas enterradas en su antigua casa, significa manipulación del destino y que le han quitado su gloria.

Las tinieblas se aprovecharán de las deudas pendientes en su casa (generaciones) para impedir que siga adelante. Dios le está mostrando este sueño porque quiere que prospere.

Consecuencias de soñarse viviendo en su casa anterior:
- ✓ Retraso.
- ✓ Pérdida de la gracia y el favor.
- ✓ Ataques domésticos.
- ✓ Incapacidad para progresar.
- ✓ Confusión y frustración.
- ✓ Incapacidad para escuchar de Dios.
- ✓ Retraso matrimonial.
- ✓ Enfermedad.
- ✓ Limitación financiera.

Cuando sueña que está acomodando personas para que se queden en su casa, significa que las visitas de Dios abrumarán su vida para ayudar las personas, también significa que está invitando a la presencia del Espíritu Santo a su hogar. Este sueño servirá como restauración y abrirá puertas a caminos que se han cerrado.

Cuando ve a personas desconocidas que operan en su casa específicamente para atacar a alguien, esto es una señal de que la persona estará expuesta a la manipulación y los ataques satánicos. En la mayoría de los casos, podría presentarse en forma de robo a mano armada o un caso grave que requiere atención urgente. Este sueño puede traer pérdidas y arrepentimiento.

Soñar con una fuerza extraña que le encierra en su habitación o en otra parte; o si sucede que se ve una habitación oscura tratando de encontrar una ruta de escape sin éxito, todo esto predice la esclavitud satánica. Ore para que Dios descienda en esa puerta para abrirse con fuego.

Cuando sueña que se ve en una habitación/ casa con fugas, significa falta de protección divina. Muestra que el enemigo está a punto de atacar y exponer su vida al miedo y a la incomodidad. Si está casado, significa un problema matrimonial.

Cuando sueña con personas reunidas en su casa o habitación con mal humor, significa que la llegada de problemas y penas está muy cerca.

Cuando sueña y ve una cama o silla rota en su hogar, indica que la base (fundamento) del matrimonio ha sido manipulada.

Cuando sueña y ve a su arrendador (casero) trabajando alrededor del complejo con un plan para plantar el mal contra usted (si estacionó en esa casa con alegría), significa que el arrendador planea frustrar todos sus esfuerzos en la vida y hacerle sufrir en el medio de la abundancia. Si no se tiene cuidado, el propietario puede planear comenzar a establecer un obstáculo para usted.

Oraciones
---

1. Padre, perdóname de todos mis pecados y ten piedad de mí.
2. Ato cualquier poder doméstico asignado para monitorear mi vi.

3. Cada área de mi vida que está expuesta al peligro y la desgracia, se ordena ahora en el nombre de Jesús.
3. Cualquier poder asignado contra mí y mi familia, cae y muere.
4. Cada espejo oculto monitoreando mi vida en altares de brujería, se queman ahora.
5. Todas mis bendiciones perdidas en mi antigua casa me ubican de manera sobrenatural.
6. Cualquier poder que haya encadenado mi gloria en mi casa fracasa ahora por el poder de la sangre de Cristo.
7. Cualquier presencia demoníaca que viva dentro o alrededor de mi casa, es mandada al abismo en el nombre de Jesús.

Volar en los sueños

Isaías 31:5

Volar en la realidad es ridículo, volar en el sueño es un viaje al mundo espiritual. En el mundo físico, las personas pueden volar con la ayuda del paracaídas. En el mundo de los sueños, las personas pueden volar con la ayuda de fuerzas sobrenaturales.

Una persona que siempre está volando en el sueño puede haber sido capturada por algunas fuerzas de la oscuridad. Mientras estés volando en el sueño, significa que ya estás poseído por el control y la manipulación de la brujería.

Hay algunos vuelos que significan manipulación de brujería. Hay algunos vuelos que presagian la guerra en los entornos familiares.

Hay algunos vuelos que indican una gran tragedia por delante. Si vuela en el sueño sin ningún propósito, significa que su destino ha sido robado y manipulado en el mundo espiritual.

Hay algunas personas que duermen físicamente en su cama, pero espiritualmente, su destino se les ha escapado.

La pregunta sería: ¿a dónde está volando su hombre espiritual?

Hechos sobre volar en el sueño

- ✓ Volar es una trampa para aquellos que son espiritualmente ciegos.
- ✓ Volar permite que el destino deambule en la atmósfera.
- ✓ Volar lleva a alguien a un lugar extraño. La brujería puede manipular fácilmente a una persona para que vuele de noche.
- ✓ El enemigo puede convocar a una persona para volar en el sueño.
- ✓ Una persona puede deambular en el aire a través del sueño.
- ✓ Una persona puede ser fácilmente manipulada si está volando en el sueño ya que al volar no tiene control de su cuerpo.

Síntomas que presenta una persona que vuela en el sueño

- ✓ Depresión ininterrumpida.

- ✓ Problemas hereditarios.
- ✓ Poseer espíritus demoníacos.
- ✓ Maldiciones emitidas contra la persona.
- ✓ Familia inestable o con problemas.
- ✓ Monitoreo y control de espíritus maligno.
- ✓ Vacío espiritual.
- ✓ Gloria desviada.
- ✓ Fracaso matrimonial.
- ✓ Pactos ancestrales.

Oraciones

1. En cualquier lugar donde mi espíritu ha sido convocado a través del vuelo en el sueño, hoy lo rescato por fuego, en el nombre de Jesús.
2. Cada poder convocando a mi hombre espiritual arder en cenizas, en el nombre de Jesús.
3. Voces extrañas lanzando hechizos contra mí, mueren por el fuego del Espíritu Santo.

3. Corto todas las alas malignas a mi alrededor y les prendo fuego, en el nombre de Jesús.
4. Cada poder que usa este sueño contra mí, cae y muere, en el nombre de Jesús.
5. Tú, poder en el aire deteniendo mi destino: libérame y muere, en el nombre de Jesús.
6. Cada poder asignado para derribarme, suéltame y muere, en el nombre de Jesús.
7. Todo poder de fracaso al borde del avance, recibe calamidad en el nombre de Jesús.
8. Oh Dios, levántate dispersa mis enemigos en el nombre de Jesús.
9. Oh Dios, restaura con tu fuego mi destino robado, lo, en el nombre de Jesús.
10. Ni la flecha que vuela de día, ni la peste de la oscuridad obstaculizarán mi avance, en el nombre de Jesús.
11. Recibo poder de lo alto por la sangre de Cristo para cambiar mi nivel espiritual hoy.
12. Oh Dios, levántate y protege mi destino de la manipulación satánica, en el nombre de Jesús.

13. Cada ídolo familiar que obstaculiza mi progreso, se incendia, en el nombre de Jesús.

14. Cada demonio volador asignado para robarme en el sueño, cae y muere, en el nombre de Jesús.

15. Cada espíritu de mis antepasados que me ordena volar en el sueño muere, en el nombre de Jesús.

16. Cada cosa buena en mi vida que se está yendo volando; ángel de Dios, ubícalas de regreso a mí, en el nombre de Jesús

17. Padre, déjame elevarme más alto en la vida como un águila en el nombre de Jesús.

18. Cualquier maldición que afecte mi elevación, se rompe por el poder en la sangre de Jesús.

19. Mi destino recibe liberación de cada altar de brujería, en el nombre de Jesús.

Soñarse en la cárcel

Salmos 126:1-4

Cuando Jehová hiciere volver la cautividad de Sion, Seremos como los que sueñan.

² Entonces nuestra boca se llenará de risa, Y nuestra lengua de alabanza; Entonces dirán entre las naciones: Grandes cosas ha hecho Jehová con éstos.

³ Grandes cosas ha hecho Jehová con nosotros; Estaremos alegres.

⁴ Haz volver nuestra cautividad, oh Jehová, Como los arroyos del Neguev.

La prisión es un lugar donde la libertad de movimiento o voluntad está prohibid a. Si sueña con prisión, esto generalmente indica restricción, impedimento y tropiezo. Una persona que se encuentra en la cárcel no puede ver el exterior y alcanzar el destino. Este es uno de los ataques de sueños más severos.

Verse en la prisión en el sueño, representa que un poder fue asignado contra su progreso. El hecho de que se vea en prisión expone las trampas que le impiden alcanzar su verdadero potencial.

Si estaba en la cárcel por falsas acusaciones, entonces muestra que el enemigo está tratando de traerle problemas.

Cuando sueña que se encuentra en la prisión, en la cárcel sin cometer ningún delito, indica que los enemigos están planeando un caso policial serio que le llevará a la cárcel. No peleé, ni confronte con nadie, ni cometa ningún delito en la vida real. Estos espíritus malignos no quieren que las personas disfruten de las bendiciones de Dios en sus vidas, matrimonios y carreras. Soñar con la prisión o la cárcel es una señal de encarcelamiento y manipulación satánica. Debido a que estos poderes utilizan este sueño para causar desgracia y estancamiento en la vida de sus víctimas. Espíritus familiares de la casa del padre o de la madre también puede ser responsable de esta terrible esclavitud al detener sus sueños o visiones.

Pero si sueña y se encuentra robando y fue a la cárcel o prisión, significa que Satanás quiere deshonrarlo por completo y avergonzarlo a usted y a su familia. Aquí es donde las personas que aman y están listas para ayudarlo comienzan a cerrar su capítulo por usted.

Le desafío a orar hasta que Dios te saque del pozo de la oscuridad. Debes aprender la lección que Dios quiere que aprenda en este sueño. Dios no revelaría este sueño hasta que haya aprendido estas lecciones. Esto es para garantizar que no cometerá un delito y que no quiere que pierda lo que le ha ayudado a restaurar.

Puede estar en una situación particular, que no lo hace feliz, tal vez la lección que Dios quiere que aprenda es la de la paciencia. La Biblia dice que algunas personas, por fe y paciencia, ganaron las promesas (Hebreos 10: 36). Si algunas personas fueran más pacientes, sus destinos no hubiesen sido cautivado por el enemigo. Puede ser que eso es lo que Dios quería que usted aprendiera.

Oraciones

1. Me alejo de todo poder de control remoto contrario a la voluntad de Dios, en el nombre de Jesús.
2. Decreto libertad en cada área de cautiverio en mi vida, en el nombre de Jesús.
3. Tú cautiverio, te ordeno que seas cautivo, en el nombre de Jesús.
4. Cautiverio de la casa de mi padre y de la madre, libérame, en el nombre de Jesús.
5. Cualquier cosa en mi vida que el poder del cautiverio esté usando contra mí, sal por fuego, en el nombre de Jesús.
6. Me desligo y me libero de toda esclavitud, en el nombre de Jesús.
7. Termino cada viaje a la cárcel de cautiverio, en el nombre de Jesús.
8. Prisión de la casa de mi padre y la de mi madre asignada para encerrarme en el

embarazo, te abres ahora en el nombre de Jesús.

9. Rompo toda cadena de esclavitud, en el nombre de Jesús.

10. Todo enemigo de mi libertad, muere, en el nombre de Jesús.

11. Cada corte de apelación anula mis milagros dispersos, en el nombre de Jesús.

12. Toda esclavitud de muerte y libertad, contra mí se hará añicos, en el nombre de Jesús.

13. Todo poder asignado para presentarme problemas se desautoriza, en el nombre de Jesús.

Accidentes

Soñar accidente es un sueño de tragedia, calamidad y tristeza. Este tipo de ataque te dice que hay un peligro por delante. Sin embargo, si tiene un automóvil, es posible que necesite ungirlo con la sangre de Jesús. El significado espiritual de accidente es muerte prematura, enfermedad y duelo.

Una cosa sobre este sueño es que puede no afectar al soñador, sino afectar a una persona importante en su familia o entre sus amigos. A veces, el sueño de un accidente de tráfico, indica una situación en la que el camino estará ocupado con ataques de robo a mano armada. Si está planeando viajar a larga distancia y considera que ese lugar es muy importante, es posible que primero necesite ver a su pastor o guía espiritual.

¿Eres propietario de un automóvil o conductor de un autobús público? Por favor conduzca con cuidado. Muchas personas perecieron o perdieron personas importantes, muchas están en las salas de emergencia mientras hablamos como resultado de este ataque soñado. Lo ignoraron y se encontraron con una tumba que fue preparada espiritualmente por sus enemigos.

Soñar con un accidente de tráfico es una advertencia y una señal de que está a punto de accidentarse o suceder algo malo. Este sueño también puede estar determinado a una determinada persona o inversión. El diablo puede usar este sueño para proyectar una pérdida no rentable.

Cuando sueña que hay alguien cercano a usted involucrado en un accidente automovilístico fatal. Indica que hay peligro y problemas serios por delante, excepto que ore y ayune. Esto también significa que esa persona está a punto de recibir un duro ataque misterioso por accidente o de otra manera.

Si va a viajar al día siguiente o cualquier día, es posible que deba aplicar la sangre de Jesús sobre su vida y viaje.

Si tiene un automóvil, soñar con un accidente de tráfico indica que el enemigo ha marcado su automóvil como ataúd en el reino de los espíritus.
También es una indicación de que los espíritus bebedores de sangre y los comedores de carne están en el camino para causar un accidente y usarlo a usted

o alguno de sus parientes para un sacrificio. Si no ora, caerá bajo su red demoníaca, esto a veces, podría afectar a sus seres queridos. Sin embargo, el diablo ha perdido la batalla otra vez, él no puede matarlo a destiempo, ya que Jesucristo ha vencido a la muerte. Si tiene un auto tiene que ungirlo en el nombre de Jesús.

Si soñó con alguien chocando contra su auto, tal sueño significa que se acerca un gran ataque. Este ataque de brujería es de una persona que no está contenta con su progreso o prosperidad. A través de un mal monitoreo, se estrelló por error contra su automóvil al causar horribles accidentes de motor. Sin embargo, si su automóvil fue severamente destrozado y destruido, tal sueño significa que experimentará pérdida y atraso.

También hay una experiencia de sueño en la que una persona cruza la calle con niños. Desafortunadamente, si también descubrió que en el proceso de cruzar la calle con niños o pareja, los niños fueron o se encontraron con un accidente y murieron al instante, significa que el diablo le ha puesto en problemas legales. Esta sangre espiritual de los muertos se ha unido a su vida y destino. Además, si es una persona a la que le encanta cruzar la carretera con la gente, deténgase por ahora para que lo que vio en el mundo de los sueños no se manifieste en la realidad.

Otra interpretación muestra que el diablo ya ha concluido su caso presentando un caso policial en su contra. El estado de desunión y brujería en la familia que experimentamos en respuesta a tales sueños rompe nuestro enfoque espiritual y nuestra capacidad para ser felices. Tal sueño puede suceder cuando está sujeto a morir por accidente de tráfico. Cuando experimenta un sueño sobre un accidente de tráfico, un accidente aéreo, etc., afecta su destino de una manera negativa, haciéndole vulnerable a enfermedades emocionales, depresión y ansiedad.

Soñar con un accidente también puede ocurrir cuando una persona tiene enemigos de su progreso, cuando alguien se ha retrasado u obstaculizado, ha sufrido un incidente impactante, una situación amarga, una experiencia de vida traumática, un terrible accidente automovilístico o incluso una cirugía grave (lesión), el sueño sobre un accidente de tráfico está asegurado, entonces cancélelo en oración.

Oraciones

1. Todo diseño de programa de obituario preparado para mí en el reino de los espíritus se prende en fuego y se hace cenizas en el nombre de Jesús.
2. Me niego a morir hasta que vea a los hijos de mis hijos en el nombre de Jesús.
3. Cada ataúd construido pora mi en el reino de los espíritus, será destrozado por la roca de los siglos (Jesús).

4. Cada accidente programado contra mi vida, será frustrado por el poder del Espíritu Santo, en el nombre de Jesús.
5. Oh Señor, estoy muy agradecido por rescatarme de las manos de los destructores en el nombre de Jesús.
6. Cada fuerza satánica y agente asignado para organizar una muerte prematura para mí, será arrestada en el nombre de Jesús.
7. Me niego a cometer un error que dé lugar a una muerte prematura en mi vida en el nombre de Jesús.
8. Cualquier cosa que diga o haga que abrirá las puertas para la muerte súbita en mi vida y mi familia, recibo la gracia de no decirlo o hacerlo en el nombre de Jesús.
9. Cada trampa de muerte prematura preparada para mí, se encierra en el nombre de Jesús.
10. Me niego a ser víctima de accidentes malvados, manipulados y diseñados para llevarme a la muerte, en el nombre de Jesús.

11. Yugo de muerte prematura, recibe ruptura en el nombre de Jesús.
12. Todo desastre del destino mirando mi vida, sea desperdiciado en el nombre de Jesús.
13. Tú, demonio chupador de sangre en la tarea de chupar mi sangre; sé destruido, en el nombre de Jesús.
14. Me niego a morir prematuramente debido a una enfermedad en el nombre de Jesús.
15 Cada arreglo secreto de la oscuridad para terminar mi vida prematuramente será expuesto y destruido en el nombre de Jesús.
16. Me refugio bajo la sombra del Todopoderoso de todas las fuerzas del Altísimo para escapar de los planes destructores del destino, en el nombre de Jesús.
17. Reprendo a todo espíritu de miedo implantado para llevarme a una muerte prematura en el nombre de Jesús.
18. Cualquier poder asignado para usarme como sacrificio muere, en el nombre de Jesús.

19. Altares malvados se encienden y avergüenzan a sus dueños, en el nombre de Jesús. Convenios, hechos en mi nombre por mis antepasados o cualquier persona con poderes oscuros, los declaro nulos por el poder en la sangre de Jesús.

20. Retiro mi membrecía de cualquier iniciación satánica que haya hecho o haya hecho para mí la gente, y ordeno que tales iniciaciones mueran, en el nombre de Jesús. 21. Cancelo mi nombre del registro de Satanás. Me declaro libre a partir de hoy, en el nombre de Jesús.

22. Las langostas, las lombrices, las orugas y el gusano, asignados contra mi vida, se mueren en el nombre de Jesús.

23. Padre mío, dame la lluvia anterior y posterior, y lléname de nuevo con tus bendiciones, en el nombre de Jesús.

24. Cada hechizo, encanto y encantamiento, asignados contra mi vida, mueren, en el nombre de Jesús.

25. Los poderes malignos, involucrados en las maldiciones, convenios e iniciaciones contra mí, mueren, en elnombre de Jesús.

Testimonio

Mientras escribía este libro, recibí una llamada de mi querida amiga la Dra. Dulce Fiore. Ella había tenido un sueño donde veía dos filamentos de ADN que se buscaban entre sí. A la mañana siguiente, mientras ella oraba al Señor por dirección, recibió un mensaje en su celular donde yo le compartía la puesta en circulación de mi nuevo libro: Oraciones de Guerra para Cambiar tu ADN.

La doctora entendió que ese mensaje llegó como respuesta a su oración y me escribió de inmediato preguntando que si podía llamarme para contarme su sueño.

Con la ayuda de nuestro ayudador, el Espíritu Santo, desciframos el sueño y cancelamos todo plan del maligno de traer la herencia de cáncer de mama que estaba atacando a las mujeres de su familia. La doctora me confesó que tenía una mamografía pendiente y que en ese sueño nuestro Dios de misericordias le estaba revelando los planes del maligno.

Durante los días siguientes mientras ella esperaba el examen y luego los resultados de los mismos, nos mantuvimos en oración, pero la doctora fue llena de "la paz que sobrepasa todo entendimiento" y la convicción que trae el saber que "ninguna arma forjada contra nosotros prosperará y que nuestro Dios condena toda lengua que se levanta contra nuestro juicio".

Semanas después recibí la tan esperada noticia de que mi amiga estaba en perfecto estado de salud. La revelación recibida de cómo limpiar el ADN más la revelación que estaba vaciando en este libro permitieron que mi amiga y yo descifráramos el sueño y luego oráramos de manera "inteligente" para poder cancelar todas las semillas de maldición que el enemigo estaba sembrando en sus sueños, de esta manera frustramos sus planes y nuestro Dios se llevó toda la honra y todo el honor.

De igual manera deseo para usted que los conocimientos que obtuvo al leer este libro le proporcionen una vida llena de victoria en Cristo Jesús, Señor nuestro.

Espero escuchar su testimonio.

Biografía

Ángela Bianca Echavarría. es nacida en República Dominicana. Reside en Lawrence, MA desde el año 2010. En el año 1994 se gradúa de Periodismo y Locución en la República Dominicana. Es Escritora y Declamadora. Ganadora del premio "Pluma de Platino" otorgado por el Festival de la Canción de California, en el año 2007 por su poema: Oda Triste a la Tierra Cansada.

Desde el año 2010 participa en el mundo de la televisión y la radio cristiana. Ha tenido programas de radio en:
La Voz de Fe - Lawrence, MA;
Viva 1570 am - Methuen, MA;
Impacto 1490 am – Methuen, MA:
y de televisión en:
Telemundo Boston, bajo el nombre de: Tiempo de Vivir. Además, ha sido invitada en otros programas de igual formato y ha servido de "voz en off" para muchos comerciales cristianos.

Es Pintora certificada en Pintura de acuarela, óleo y acrílico. Productora del Taller de Manos Creativas (Taller de terapia a través de la pintura en grupo). Pertenece al ministerio de danza de las Iglesias Cristianas Fuente de Salvación. Es conferencista y evangelista.

Se gradúa en el año 2013 del Seminario Reina Valera donde recibe los diplomas de: Teología, Ministerio Pastoral, Educación Cristiana y Literatura Sagrada. En el año 2014 se certifica como Consejera Teo-Terapéutica con el Commonwealth of Massachusetts International Board of Chaplain & Therapeutic Community Professional Certification.

El Ministerio que dirige, Tiempo de Vivir, adquiere su nombre de su programa de televisión. Actualmente este ministerio se dedica a dar libertad a los cautivos y dirige un congreso anual que, en unión a otros ministerios, se dedica a equipar mujeres y ministrar sanidad interior y liberación.

También pertenece
al Ministerio de Danza Jehová Nissi,
al Ministerio Por Él y Para Él, con quienes comparte en la radio y
al Ministerio de Shofar Un Soplo de Dios para Almas Necesitadas.

Otros libros de la autora

LA CORTE DE DIOS

Es tiempo de ver la oración como un conflicto legal y no un enfrentamiento en el campo de batalla

Angela Bianca Echavarría

Angela Bianca Echavarría

ORACIONES 911 POR
Nuestros Hijos

DESATANDO A NUESTROS HIJOS CON EL PODER DE LA ORACIÓN

Serie:
Oraciones de Guerra
Libro #1

Angela Bianca Echavarría

Oraciones de guerra Para limpiar tu ADN

Serie Oraciones de Guerra
Libro #2

CAMBIA TU GENÉTICA FAMILIAR
CON EL PODER DE LA ORACIÓN

Angela Bianca Echavarría

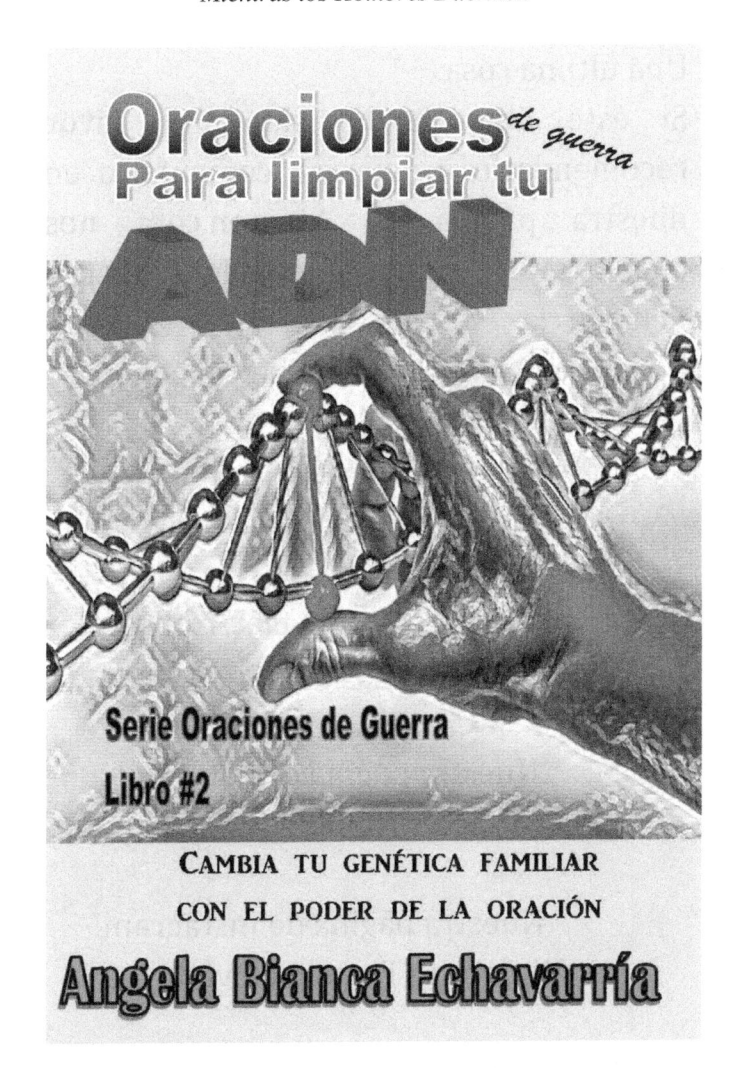

Una última cosa:
Si este libro le ha sido útil, favor recomendarlo y dejar su comentario en nuestra página de Amazon.com, nos encontrará como: Angela Bianca Echavarria.

Puede seguir nuestro ministerio en:

Nuestra página web:
www.angelabiancaechavarria.com

Nuestro correo electrónico:
Angelabiancaechavarria@gmail.com

Nuestra página de Facebook:
Ministerio Tiempo de Vivir

Nuestra página de Instagram:
Ministerio Tiempo de vivir

Puede escribirnos, con preguntas comentarios y testimonios, o para contrataciones, seminarios, conferencias, etc.

GRACIAS POR APOYARNOS

Made in the USA
Middletown, DE
24 May 2021